es 1304

edition suhrkamp

Neue Folge Band 304

6,–

»In der Psychoanalyse tritt, vor allem in der Diagnostik und der Behandlungstechnik, der Begriff der ›Gegenübertragung‹ in den Vordergrund. Damit sind all die Gefühlsregungen gemeint, die der Patient im Analytiker hervorruft. Aufgabe des Therapeuten ist es, sich dieser Gefühle klarzuwerden, nicht aus ihnen heraus zu handeln, sondern sie als Material der unbewußten Szene zu verstehen, in die der Patient seinen Kompagnon hineinziehen und verwickeln möchte. Auch jeder Leser von moderner Literatur wird, falls der Erzähler ihn nicht durch eine vorgegebene und distanzierte Erzählhaltung schützt und führt, in bald bewußte, bald unbewußte Szenen mit dem Ich-Erzähler verwickelt. Überträgt man die Art der Aufmerksamkeit, mit der der Analytiker sich diesem Verstricktwerden überläßt, auf die Analyse bei der Lektüre, so ergibt sich ein tieferes Verständnis des literarischen Kunstwerks aufgrund des mitleidenden, oft komplementären oder spiegelbildlichen Einbezogen-Seins. Dies mobilisiert eigenes Konfliktpotential während der Lektüre, trägt aber, soweit es sich entwirren läßt, viel zum Verstehen bei. Ohne Zweifel erschließt dieses ›klinische‹ Lesen neue Schichten des Stoffes, vernachlässigt dagegen andere, vor allem die literaturwissenschaftlichen.

Alle hier vorgelegten Aufsätze sind Beiträge zu einer zukünftigen ›integrierenden‹ Literaturbetrachtung, die die Möglichkeiten der psychoanalytischen Erhellung verbindet mit dem viel breiteren Instrumentarium der Rezeption und Diskussion von Literatur.« (Aus der Vorbemerkung des Verfassers)

Tilmann Moser

Romane als Krankengeschichten
Über Handke, Meckel und Martin Walser

Suhrkamp

edition suhrkamp 1304
Neue Folge Band 304
Erste Auflage 1985

Erstausgabe

Satz: Stahringer, Ebsdorfergrund
Druck: Nomos Verlagsgesellschaft, Baden-Baden
Umschlagentwurf: Willy Fleckhaus
Printed in Germany

1 2 3 4 5 6 – 90 89 88 87 86 85

Inhalt

Vorbemerkung

In der Psychoanalyse tritt, vor allem in der Diagnostik und der Behandlungstechnik, der Begriff der »Gegenübertragung« in den Vordergrund. Damit sind all die Gefühlsregungen gemeint, die der Patient im Analytiker hervorruft. Sie reichen von klaren und rasch faßbaren Affekten bis hin zu Erlebnissen der Beunruhigung, Befremdung, Angst und Verwirrung. Aufgabe des Therapeuten ist es, sich dieser Gefühle klarzuwerden, nicht aus ihnen heraus zu handeln, sondern sie als Material der unbewußten Szene zu verstehen, in die der Patient seinen Kompagnon hineinziehen möchte.

Auch jeder Leser von moderner Literatur wird, falls der Erzähler ihn nicht durch eine vorgegebene und distanzierte Erzählhaltung schützt und führt, in bald bewußte, bald unbewußte Szenen mit dem Ich-Erzähler gefühlsmäßig verwickelt. Überträgt man die Art der Aufmerksamkeit, mit der der Analytiker sich diesem Verstricktwerden überläßt, auf die Haltung bei der Lektüre, so ergibt sich ein tieferes Verständnis des literarischen Kunstwerks aus eben dieser Analyse der »Gegenübertragung«, also des mit-leidenden, oft komplementären oder spiegelbildlichen Einbezogen-Seins. Dies mobilisiert, falls man sich wirklich auf den Text einläßt, sehr viel eigenes Konfliktpotential während der Lektüre, trägt aber, soweit es sich entwirren läßt, viel zum Verstehen bei. Ohne Zweifel erschließt dieses »klinische« Lesen neue Schichten des Stoffes, vernachlässigt dagegen andere, vor allem die literarischen. Alle hier vorgelegten Aufsätze bedürften also einer parallel laufenden literaturwissenschaftlichen Ergänzung. Es sind Beiträge zu einer zukünftigen »integrierenden« Literaturbetrachtung, die die Möglichkeiten der psychoanalytischen Erhellung verbindet mit dem viel breiteren Instrumentarium der Rezeption und Diskussion von Literatur.

Spaziergänge eines Borderline-Patienten
Zu Peter Handkes
Die Stunde der wahren Empfindung
(*1975*)

Während meiner ersten Lektüre des kleinen Romans war ich einer Reihe widersprüchlicher Gefühle ausgesetzt: Langeweile und Enttäuschung, manchmal Wut und die Neigung, das Buch einfach in die Ecke zu feuern; Gefühle von Leere und Sinnlosigkeit in mir selbst; intensive, aber eigentlich abstrakte freundschaftliche Gefühle für den Autor mit dem Wunsch, sie durch nähere Bekanntschaft konkreter werden zu lassen; euphorisch getönte therapeutische Größenphantasien bei dem Gedanken, Handke selbst in Analyse zu nehmen; Faszination vor der ungewöhnlichen Präzision der Schilderung bestimmter Gefühlszustände, die wir hauptsächlich mit Borderline-Patienten in Verbindung bringen; Schuldgefühle bei dem Wunsch, eine psychoanalytische Interpretation des Romans eines etwa gleichaltrigen Autors vorzunehmen; schließlich das eher gewalttätig sich anfühlende Bedürfnis, mich des sozial abweisend wirkenden Autors eindringend und analytisch kontrollierend zu bemächtigen und etwas Beunruhigendes in klare Kategorien zu bringen.

An seiner Verachtung der Psychoanalyse läßt Handke selbst nicht den geringsten Zweifel. Über die Wirkung des Romans, dessen Bedeutung für ihn selbst er eher im Dunkeln lassen wollte, sagte er in einem Gespräch: es sei ihm zwar völlig unverständlich, aber auf keines seiner bis dahin verfaßten Bücher habe er eine so große Flut von Leserbriefen erhalten mit der inhaltlichen Tendenz: »Noch nie habe ich mich in einem Buch so total verstanden und in meinen innersten Empfindungen sprachlich dargestellt gefühlt wie in diesem Werk.«

Die Zweifel an der Legitimität des psychoanalytischen Zugriffes auf dieses Buch haben durch die beiden angeführten Punkte eine gewisse Klärung gefunden. Das wichtigste war die innere Trennung von Autor und Held, die Handke zunächst selbst sehr erschwert, weil bei ihm die Grenzen zwischen Text als Literatur und Text als unmittelbare, ungefilterte Selbstwiedergabe oder Selbstenthüllung fließend sind. Der Analytiker fühlt sich permanent auf die Fährte der Analyse von Handke selbst gelockt: man kann das *Wunschlose Unglück*, den Bericht über seine inneren Vorgänge nach dem Selbstmord der Mutter, wie ein literarisches Kunstwerk lesen oder wie die erzählerische Zusammenfassung der sieben bis zehn diagnostischen Sitzungen, die Otto Kernberg für jede therapeutische Entscheidung bei einem Borderline-Patienten fordert.

Handkes Widerwille gegenüber der Psychoanalyse gehört, so finde ich, respektiert, auch wenn er sich anfühlt wie ein Fußtritt mit Widerhaken. So heißt es etwa im *Wunschlosen Unglück* über das Verstehen:

»Das schlimmste in diesem Moment wäre die Teilnahme eines anderen, mit dem Blick oder gar einem Wort. Man schaut sofort weg oder fährt dem anderen über den Mund; denn man braucht das Gefühl, daß das, was man gerade erlebt, unverständlich und nicht mitteilbar ist: nur so kommt einem das Entsetzen sinnvoll und wirklich vor. Darauf angesprochen, langweilt man sich sofort wieder, und alles wird auf einmal wieder gegenstandslos. Und doch erzähle ich ab und zu sinnlos Leuten vom Selbstmord meiner Mutter und ärgere mich, wenn sie dazu etwas zu bemerken wagen« (S. 9).

Der Leser, der verstehen will, gerät in eine merkwürdige Lage: Handke schildert unaufhörlich, wie es ihm oder seinen Helden geht. Aber Zeichen des Verstehens oder der Anteilnahme erscheinen doch sofort wie eine intime Bedrohung. Gregor Keuschnig, der Held in der *Stunde der wahren Empfindung*, kommt nach einer Wanderung durch Paris zurück zu seiner Wohnung, in der Frau und Freunde auf ihn warten:

»Er erwartete nichts, freute sich auf niemanden. Je näher er ihnen kam, desto weniger hatte er mit ihnen gemeinsam. Während er den Schlüssel umdrehte, absichtlich zuerst in die falsche Richtung, und sich räusperte, war es ihm, als bewege er sich auf schon seit langem in Stein geschlagene Hieroglyphen zu, die für ihn unleserlich geworden waren. Gleich würde er die Frage hören müssen: ›Wie geht es dir?‹ – und nicht einmal sofort zuschlagen können« (S. 88).

Wir scheinen es also mit einem Autor oder mit dessen Helden zu tun zu haben, für die Verstehen und Anteilnahme mit einer Haß auslösenden Bedrohung verbunden sind.

Meine Entscheidung sieht so aus, daß ich den Text der *Stunde der wahren Empfindung* als etwas in sich Schlüssiges betrachte, eine sowohl literarisch wie klinisch kohärente »Gestalt«, bei deren Interpretation oder Analyse ich den Autor trotz seiner manchmal sogar aufdringlichen Gegenwärtigkeit unbehelligt lassen möchte, um mich jener Art der Selbstverständigung von Keuschnig zuzuwenden, die so vielen Lesern spontan wie ein Spiegel der eigenen Befindlichkeit im Leben erschien.

Eine vertiefte Beschäftigung mit dem Roman erbrachte denn auch zunehmend die Gewißheit, daß es sich, beinahe Satz für Satz, um eine in sich geschlossene Pathographie handelt, bei der, was uns beim Autor imponiert, nicht nur das geglückte Kunstwerk ist, sondern mehr noch der Mut, einen bestimmten, anscheinend weit verbreiteten Zustand in einer Verdichtung so lange auszuhalten, bis er ausschöpfend formulierbar wird. Die extreme Leistung scheint, die Scham angesichts eher befremdender oder gar abstoßender innerer Vorgänge aufzuheben, bis sie so präzise erfaßt werden können, daß etwas Allgemeines ans Licht gebracht ist.

Meine Hypothese lautet: Keuschnigs »wahre Empfindung« liefert einen Beweis dafür, daß es die »Gestalt«, die diagnostische Gestalt der Borderline-Persönlichkeit gibt, daß sie innere Plausibilität und Geschlossenheit aufweist; daß die klinischen Kategorien sich nicht nur aus den Wahrnehmungen von einzelnen Analytikern ergeben, sondern daß dieser Text ein klinisches Kunstwerk darstellt, bei dem jede neue Lektüre neue Muster pathologischer Verknüpfungen erschließt, die auch der Feinanalyse einzelner Passagen oder sogar einzelner Sätze standhalten.

Es ist ohne Zweifel wichtig, daß die Niederschrift der *Stunde der wahren Empfindung* bei Handke in Zusammenhang steht mit der Trennung von seiner eigenen Frau. Auch im Text trennt sich Keuschnigs Frau von diesem, bei beiden wird eine extreme Hilflosigkeit und Ambivalenz spürbar. Keuschnig scheint sich auch darüber im klaren, daß die Steigerung mancher seiner Gefühle mit diesem Zerreißen eines Bandes zusammenhängt, das zwar nicht mehr als wirkliche Beziehung existent schien, aber doch als eine Garantie der Kontinuität in der täglichen gemeinsamen Dingwelt und in der Strukturierung des Alltags.

Ich erwähne diesen biographischen Hintergrund der Trennung noch einmal, um die Hypothese über die Funktion des Buches zu klären: mir scheint es so zu sein, daß der Autor in einer prekären Lebenssituation fähig war oder nicht mehr anders konnte, als sich bestimmten inneren Wahrnehmungen voll auszusetzen und sie aufzuschreiben. Das Ergebnis ist, daß sich, abseits der Frage, ob Handke nun selbst als Borderline-Persönlichkeit anzusprechen sei, durch dieses Sich-Einlassen auf eine aktuell mobilisierte Grundschicht von Erleben, die in anderen Lebensphasen latent bleiben mag, so etwas wie ein schlüssiges klinisches Bild ergibt. Bei der Lektüre, hier also der Dechiffrierung des klinischen Zustandes, muß man im Grunde seine eigenen Borderline-Anteile mobilisieren oder zulassen, um zu einer bestimmten Form von identifikatorischer Evidenz zu kommen.

Ich möchte nun so vorgehen, daß ich zunächst rein deskriptiv in dem Buch dem nachgehe, was uns als die »wahre Empfindung« Keuschnigs, oder eher das Gewoge der Empfindungen, präsentiert wird.

Da sind zunächst die beiden Grundgefühle, die in vielen Variationen wiederkehren: Angst, oft verbunden mit Panik, und Haß oder eine riesige, meist ungerichtete Wut. Diese Wut wird nicht als konflikthaft wahrgenommen, sondern Keuschnig identifiziert sich mit ihr und überläßt sich dem Phantasie-, gelegentlich aber auch dem realen Impuls, der auf ganz verschiedenen Ebenen der Handlungsbereitschaft bzw. der Hemmung auftaucht. Manchmal steckt sie im Aktionswunsch: »Er wollte jeden einzelnen zusammenschlagen!« (S. 22), manchmal in der Beobachtung der dazugehörigen Körperreaktion: »Auf dem Rückweg zur Botschaft hatte Keuschnig plötzlich Lust, die Zähne zu fletschen.« (S. 22), oder sie führt zu einer plötzlich hereinbrechenden Handlung: nach einem Abendessen mit Freunden in der Wohnung Keuschnigs und einer Unterhaltung, die bereits Züge einer erbarmungslosen, ja, sadistischen wechselseitigen Entwertung trägt, erlebt Keuschnig, der gerade einen Pfirsichkern im Mund hat, einen Moment extremer Selbstentfremdung und Scham und will plötzlich schlafen gehen, wie um sich vor einer drohenden Katastrophe zu retten:

»Keuschnig schrie auf. Er spuckte dem Schriftsteller den Kern ins Gesicht und begann sich auszuziehen.« ... »Der nackte Keuschnig lief um den Tisch herum und sprang Françoise an, die noch zu lachen versuchte. Sie fielen übereinander. Keuschnig griff blind in einen Teller und schmierte sich mit dem Rest von einem Ragout das Gesicht zu. Zufällig berührte er das Bein des Schriftstellers. ›Misch dich nicht ein!‹ sagte er und schlug schon nach ihm. Er stand auf, und sie fingen an, sich zu prügeln, langsam, ein Schlag nach dem anderen, Auge in Auge, völlig lautlos, systematisch und zäh wie Kinder. Endlich merkte Keuschnig, daß er gleich weinen würde, vor Erleichterung, daß er sich nicht mehr verstellen mußte, vor Kummer, daß es nun aus mit ihm war« (S. 100).

Die Wut tritt überall auf, wo er direkte menschliche oder auch nur moralische oder politische Solidarität entdeckt: er kommt an einer Gedenktafel für einen Partisanen vorbei. »Zum Nationalfeiertag ... hatte man die Tafel gereinigt und darunter auf dem Gehsteig eine Blechbüchse mit einem Tannenzweig gestellt. Dieses Arschloch, dachte Keuschnig und gab der Blechbüchse zugleich einen Fußtritt ...« (S. 16). Oder es überwältigten ihn Phantasien, wenn er das Gedränge an einem Metro-Eingang betrachtet:

»Keiner wich dem andern aus; gleich würde unter den sich Rempelnden einer den Revolver ziehen und in die Gesichter schießen.« (S. 165).

Der Haß färbt über ganze Passagen hinweg alles Wahrgenommene, ja, es ließe sich sogar sagen, der Haß steuere die gesamte Wahrnehmung. Der phantasierte Übergang von der ziellosen zur objektgerichteten Wut erscheint Keuschnig schon fast wie eine Erlösung:

»Es fiel ihm ein, daß er noch nie einen wirklichen Feind gehabt hatte, jemanden, den er ohne Erbarmen zerstören wollte. Ich werde mich mit möglichst vielen verfeinden!, dachte er, seltsam fröhlich. Bei dem Anblick des von der Tageshitze noch weichen Pflasters zu seinen Füßen erlebte er sich plötzlich als der Held einer unbekannten Geschichte ...« (S. 166).

Andere Stellen über Wut werde ich noch anführen, wenn ich später seinen Umgang mit Menschen untersuche, möchte aber bereits jetzt, z.B. anhand der »Lust zum Zähnefletschen«, auf die vielfältigen Wahrnehmungen aus dem Bereich körperlicher Rückwirkungen von Gefühlen hinweisen. Keuschnig verbindet eine hellwache Selbstbeobachtung mit einer Art von Regression auf ganz frühe Erlebnisweisen des Kleinkindes, das viele Affekte zunächst nur physisch oder anhand der starken physischen Reaktionen erlebt. Diese Reaktionen sind dann besonders deutlich, wenn die Gefühle die Möglichkeit des Ichs, die Affekte zu integrieren, in ihrer Heftigkeit übersteigen und der Körper mit seinen primitiven Kräften der Abwehr oder der Bewältigung zu Hilfe gerufen wird.

Mit der Angst ergeht es Keuschnig ähnlich wie mit der Wut: sie ist eigentlich immer da, verdichtet sich nur in unberechenbarer Weise und verknüpft sich entweder mit Panik, mit der stetigen Vision von Todeszeichen oder mit körperlichen Verkrampfungen, die ihrerseits aber wie erlösend bzw. angstmildernd erlebt werden können.

»Auf dem Weg nach Hause wurde aus der Müdigkeit Angst, und aus Angst wurde er rücksichtslos. Er ging so schnell, daß der dicke Schriftsteller schließlich zurückblieb. In dieser Angst vergaß er sogar, Zeichen zu sehen. Die bloßliegenden Baumwurzeln ... waren für sich allein schrecklich. Aber als er in Panik das Haus erreichte, saßen die beiden Frauen, mit den Köpfen aneinandergelehnt, davor auf den Stufen und redeten leise, ohne ihn zu beachten, in feindseliger Geborgenheit ... ... Er wünschte ihnen den Tod« (S. 105). Es handelt sich um seine Frau und deren Freundin.

Im folgenden Zitat läßt sich bereits ahnen, daß die Angst nicht nur ein starker primärer Affekt in ihm ist, sondern möglicherweise eingesetzt wird zur Abwehr gegen noch viel unerträglichere Gefühle, z.B. der viel zitierten Leere, Sinnlosigkeit, Hoffnungslosigkeit, Aussichtslosigkeit, Trostlosigkeit, Einsamkeit.

»Im Weitergehen fiel ihm ein, daß er gerade Angst gehabt hatte. Ein Gefühl; – erinnere dich. Wie war das gewesen? Die Muskeln und Sehnen im ganzen Körper hatten sich mit einem Schlag verhärtet, zu einer eigenen Struktur ... wie zu einem zweiten Skelett. Ja, so hatte er die Angst gefühlt« (S. 62).

Wut und Angst stehen miteinander in Verbindung, die Keuschnig selbst manchmal so stark erscheint, daß er den gleichen Gefühlszustand mit beiden Gefühlskategorien bezeichnet:

»Im Zimmer war es so undurchdringlich dunkel, daß er in Gedanken aufstöhnte vor Haß, vor Ekel, vor Wut – ohne aber einen Laut hervorzubringen. Dabei hatte er sich früher gedacht, daß in einem fremden Land, in einer andern Sprache auch die lebenslangen Angstanfälle eine andere Bedeutung annehmen könnten, mindestens nicht so heillos wären, und daß er ihnen ... nicht mehr so kadavergehorsam ausgesetzt sein müßte wie in seinem Geburts- und Kindesland ...« (S. 109f.).

Angst ist also einerseits ein Gefühl, das sich bis zur Panik steigern kann, mitunter als Angst vor der Angst, dann aber auch wieder ein Gefühl, das er begrüßt, weil er dann überhaupt etwas fühlt. Am schlimmsten aber erlebt er die Angstanfälle, wenn er sich durch bestimmte Situationen hat in Sicherheit wiegen lassen, wie z.B. bei der Pressekonferenz, bei der er als Presseattaché anwesend ist. Solange der Präsident spricht, heißt es:

»Keuschnig fühlte sich gut aufgehoben.« ... »Aber dann platzte eine Lampe. Ein Vogel stieß von außen an eines der hohen, schmalen Fenster, und bei Keuschnig brach eine Panik aus, als er dachte, wie er sich schon wieder die Sicherheit vorgeheuchelt hatte. Keine Zerstreuung mehr! Es ging wirklich um Leben oder Tod« (S. 73).

In solchen Augenblicken hilft er sich manchmal mit Laufen, einmal, weil ihn die Körperbewegung beruhigt, zum anderen, weil es ihm bisweilen gelingt, sich dann selbst als Verfolger zu fühlen. In anderen Situationen greift er zu zwangartigen Handlungen, die den drohenden Schrecken in Schach halten könnten. Bei einem seiner Spaziergänge betrachtet er die Gesichter von Passanten:

»Wie menschenähnlich schienen noch alle, im Vergleich zu ihm. Der Wind warf eine Parkverbotstafel um, und wieder begann er die Todeszeichen zu sehen. Er war schon vorbeigegangen, kehrte dann um und stellte die Tafel wieder auf, als ob er dadurch etwas ungültig machen könnte« (S. 65).

Die Verbindung von Wut und Angst, beides Gefühle, die

manchmal innen wahrgenommen, manchmal als ein von außen nahegelegter oder in der äußeren Welt verankerter Zustand erlebt werden, führt uns zu Keuschnigs paranoider Grundhaltung. Sie ist offensichtlich so stark, daß er gar nicht ohne die Phantasie auskommt, er könne einen Mord begangen haben und seine Empfindungen seien gesteuert von seiner Angst vor Entdeckung. Dieser Traum vom Mord wirkt auf mich zunächst wie ein künstlicher literarischer Einstieg; oder aber er erscheint mir wie eine für den Autor notwendige Phantasie, die quasi als Schwelle oder als Anreiz zum Überschreiten der Schwelle fungiert, ohne den Keuschnig sich gar nicht auf das ganze Ausmaß seiner »angesammelten Innenspannung« (S. 9) einlassen könnte. Er scheint ein Erlebnis der Verwandlung wie sein Namensvetter Gregor Samsa bei Kafka zu brauchen, um den aufbrechenden Zustand seines Selbst überhaupt besichtigen zu können:

»Eine Frau schaute ihn an, als wüßte sie etwas, was er noch nicht wußte. Wer würde es ihm als erster sagen?«

Als er mit seinem Kind morgens allein in der Wohnung ist, schwankt er zwischen diffuser Verfolgungsangst und seinen Versuchen, sie durch gute Gegenzeichen zu bannen:

»Sie lag im Bett und gähnte, und er erlebte das als Zeichen der Beruhigung. Der umgekippte Spieleimer in ihrem Zimmer dagegen warnte ihn. Vorsorglich stellte er ihn auf ...« (S. 118).

Dann entsteht durch den Fund zweier alter Eintrittskarten in der Hosentasche, die ihn an einen guten Nachmittag erinnern, erneut eine Beruhigung. Sie wird wieder zunichte gemacht, als das Kind »Mortadella« ißt.

»Um gegen das nächste schlimme Zeichen etwas im voraus zu tun, hob er auch noch ein Buch vom Boden auf und stellte es ganz gerade in das Regal« (S. 119). Schuheputzen beruhigt ihn weiter. »Das Kind schaute ihm wortlos zu, und es gelang ihm, an nichts mehr zu denken.«

Jetzt ist zwar die Angst weg, sie weicht aber nur einer Art Dumpfheit oder »wohligem Halbschlaf«. Vorübergehend erlebt er sogar ein »ruckhaftes Glück«, als er in die von der Sonne erwärmten Schuhe steigt, aber dann »erschien ihm seine Sicherheit wieder als eine bloße Stimmung, und er erschrak und wurde zugleich unfroh« (S. 119).

Bei allem rapiden Wechsel der inneren Zustände, von denen jeder als Barriere oder zur Linderung gegen den unerträglich werdenden anderen eingesetzt werden kann, bleibt aber die Realitätsprüfung erhalten, es finden auch keine groben Selbsttäuschungen statt; das Paranoide bleibt Keuschnig als paranoide Haltung durchschaubar, was zusätzlich zu immenser Beschämung führt. Er glaubt nie an seinen eigenen Wahn. Selbst in extremer Panik ist ihm also der Ausweg in psychotische Zustände verwehrt. Als er wahrnimmt, daß sein Kind, während er las, vom Spielplatz verschwunden ist, verdichtet sich seine Angst, aber auch sein Haß auf sein Selbst, das überhaupt keinen Halt mehr spürt:

»Sich das Gesicht übermalen, sofort! Und alle Haare abschneiden! Die Bäume rauschten auf, und jetzt erlebte er jenen Moment mitten im Sommer, wenn es einen plötzlich vor dem finstersten, kältesten Winter graust ... Panisch wollte er sich auf das Kommende vorbereiten ... Er suchte zwar den ganzen Platz ab, blickte in die anfahrenden Autos ... Er wollte sofort wahnsinnig werden, als sei das die letzte Rettung. Nur im Wahnsinn wäre alles rückgängig zu machen, und *die Toten würden wieder lebendig werden!* Man könnte für immer mit ihnen zusammen sein, ohne Todesgedanken ... Doch statt daß es ihm gelang, sich in einen Wahnsinnigen zu verwandeln, stellte er es sich nur ohnmächtig vor. Er blieb gräßlich wach« (S. 145 ff.).

Entwickelt sich der schwankende Zustand zwischen Angst und Wut mehr in Richtung von Wut, dann kommen sofort selbstzerstörerische Impulse zum Vorschein. Als an dem gleichen Morgen das Kind ihn beim Anziehen ärgert, passiert folgendes:

»Als sie sich sträubte, hätte er sei beinahe mit Gewalt zurechtgebogen. Er schlug sich selber mit der Faust an den Kopf, so heftig, daß ihm die Tränen kamen. Dann ging er weg und zerriß Papier. Er hatte das Gefühl, mit dem Kopf gegen eine Mauer rennen zu müssen, und zwar ohne Überzeugung« (S. 120).

Dann hilft ihm wieder die Regression in die Stumpfheit, die ihn aber, sobald sie anwächst und ihn mit seiner inneren Leere und Trostlosigkeit zu konfrontieren droht, wieder in die Nähe von Panik führt.

»In dieser Stumpfheit wünschte er sich, wenigstens wieder die Zeichen zu erleben, und als er den Apfelrest in einen leeren Blecheimer warf und dabei die Innenwände traf, hallte es wirklich bedrohlich.« Damit ist der paranoide Prozeß von schlimmen Zeichen und deren ritueller Entschärfung wieder in Gang. »Und die Tür zur Abstellkammer war einen Spalt offen: er sprang schon hin und drückte sie zu. Er dachte: Später werde ich darüber lachen« (S. 124f.).

So schmerzhaft Wut und Angst sind, so sind sie doch immer wieder Linderungsmittel gegen etwas, das sich hinter der Stumpfheit zeigt und das ihn als Verlust oder Vernichtung eines lebendigen Selbst oder als Aufhebung des Identitätsgefühls, als totale Identitätsdiffusion überfällt.

»Es gab keine Lebensform mehr für ihn. Er stand unter den verstreuten Spielsachen im Zimmer, und in seiner Ratlosigkeit knickte ihm plötzlich ein Knie ein. Er hockte sich hin. Ich muß mich mit etwas beschäftigen, dachte er, schon erschöpft von der kurzen Zeit ohne Phantasie ...« (S. 12).

Dann kommt er wieder zu sich, als er sich erinnert, wie er früher glücklich die Namen seiner Frau und seiner Tochter durcheinandergebracht hat. Da ihn die Erinnerung mit zu starken Gefühlen bedroht, blendet er sie weg, und er fühlt, wie physische Vorgänge dieses innere Abtrennen eines wichtigen Identitätsteils begleiten.

»Als Keuschnig aufstand, hatte er das Gefühl, daß sein Gehirn auskühlte. Er zog die Stirnhaut herunter und schloß fest die Augen, als ob er das gefühllos gewordene Gehirn so wieder wärmen konnte« (S. 13).

Aber bevor ich dieses Thema der Entleerung des Selbst und des Verlusts von Identität näher untersuche, möchte ich die Untersuchung von Wut und Angst in Zusammenhang mit den wenigen vertrauten Menschen vorantreiben, die noch um ihn sind, oder mit fremden Menschen, die aber ganz plötzlich in einer extremen Nähe auftauchen. So besucht er in einem Zustand latenter Angst eine Freundin. Er beruhigt sich, als er ihr bei häuslichen Tätigkeiten zuschauen darf, so weit, daß sexuelle Wünsche, und zwar, wie häufig, mit heftiger Gier auftauchen können. Die Freundin läßt sich darauf ein. Aber:

»Er ließ sich nicht von ihr ausziehen. Wenn sie ihn berühren sollte, würde er sie mit der Faust zu Boden schlagen« (S. 29).

Jetzt wechseln Haß, Geborgenheit, Kältegefühl, Ansteckungsangst und schizoides Distanzbedürfnis in rascher Folge.

»Dazwischen, wenn ihr Bauch ihn leicht berührte, glaubte er, wieder beschützt zu sein, aber beim Orgasmus kam statt etwas Heißem ein Kälteschauer aus ihm, der auch sofort den ganzen Körper überzog. Er wünschte, ihr sofort gewaschen und in seinen Kleidern in einiger Entfernung gebenüberzusitzen« (S. 29).

Manchmal scheint Sexualität überhaupt die letzte Brücke zu einem Anderen, sie führt kurzfristig zu der Illusion von Verbündung oder Verschmelzung, hinterläßt dann aber nur beschämte Fremdheit.

Bei eben dieser Freundin fällt ihm auf einmal der eigene Name nicht mehr ein, und er gerät in einen Zustand, in dem er sich so hilflos und nahe der Panik fühlt, daß er nur noch versuchen kann, sich durch minimale Handlungen, die

Normalität vortäuschen, zu tarnen. Denn diese Freundin scheint so etwas wie warmherziges Verständnis anzubieten, und das veranlaßt ihn sofort zur Flucht:

»Keuschnig fürchtete jetzt am meisten, daß jemand verständnisvoll sein oder ihn gar wirklich verstehen könnte. Würde einer wissend sagen: ›Es gibt solche Tage, ich kenne das auch!‹, so wäre das die Schande für ihn« (S. 32f.).

Am Tage, als seine Frau ihn verläßt, schwankt er zwischen Anklammerung und Mordphantasien:

»Plötzlich, während er auf die Auskunft der Taxizentrale wartete ..., fiel Stefanie um – ohne sich mit den Händen zu schützen. Er beugte sich zu ihr und schlug sie ins Gesicht. Von ihm aus konnte sie tot sein. ›In fünf Minuten‹, sagte die Telefonistin. Er mußte lachen. Stefanie blieb liegen. Er hob sie auf, kurzatmig vor Gefühllosigkeit. Er wollte nicht, daß sie weg ging, und doch war sie ihm lästig. Als sie in das Taxi stieg, dachte er daran, ihr zu sagen: Ich hoffe, daß du zurückkommst. Er versprach sich aber und sagte, in demselben Ton, in dem er eigentlich das andere meinte: ›Ich hoffe, daß du stirbst‹« (S. 116).

Keuschnig weiß irgendwie, daß die feindselige Stimmung in ihm oder in der Außenwelt mit seinen Beziehungen zu Objekten, inneren oder äußeren, zu tun hat. Auf einem der Spaziergänge, bei denen er sich durch gieriges, aggressives Schauen oder Beschreiben, durch eine Überschwemmung mit äußeren Eindrücken, psychisch am Leben erhält, bricht immer wieder die Verfolgerphantasie durch, die angstmachende Summierung der schlimmen Zeichen. Dann genießt er an einem bestimmten Punkt ihr Nachlassen bei einer Beschäftigung, die sich immer wieder als hilfreich, wenigstens für Sekunden, erweist: er durchkramt seine Taschen wie ein Kind.

»Endlich fühlte er sich unbeobachtet. Fast zufrieden roch er den eigenen Schweiß. Das unaufhörliche Brausen der Autos tat seinem Kopf gut, und er stieß einen Tierlaut aus. Weil niemand mehr zum

Lieben da ist, brauche ich auch keine Todeszeichen mehr zu sehen! dachte er« (S. 151).

Die Todeszeichen gelten dem möglichen eigenen Tod und dem Tod von Personen in seiner Nähe, die seine mörderische Wut nicht überleben könnten.

Keuschnig spürt immer wieder, oder phantasiert, daß andere Menschen etwas haben, was ihm fehlt. Er phantasiert es als Selbstsicherheit, als Geborgenheit in Rolle und Identität, zu der aber auch Zuversicht und Gelassenheit gehören. Heftig aufbrechender Neid signalisiert meist, daß er an anderen wahrnimmt, was ihm schmerzhaft abgeht: innerer Zusammenhalt:

»... denn sooft er absichtlich zu überlegen versuchte, glaubte er seinen eigenen Gedanken nicht mehr – es waren nicht seine eigenen« (S. 77).

Da der Halt an den Dingen des täglichen Lebens verlorengeht, steht er immer wieder fremd und befremdet vor der Tatsache, daß ihn normale alltägliche Abläufe früher einmal gegen den inneren Zerfall geschützt haben.

»Keuschnig stand vor seiner Haustür, und weil er nicht wußte, wie er sich nun verhalten sollte, und in welcher Reihenfolge, wurde ihm übel. Er verstand nicht, daß er jeden Tag nach Hause gefunden hatte; daß er unterwegs nicht einmal verschwunden war« (S. 87).

Gegen das ebenso ersehnte wie befürchtete Verschwinden der eigenen Person hilft nicht nur die Gier des Wahrnehmens, sondern auch ein inneres Dauerreden, das oft nicht mehr ist als ein deklamierendes Sich-Anklammern an sinnliche Wahrnehmungen.

»Nach einiger Zeit bemerkte er, daß es in seinem Kopf zum ersten Mal an diesem Tag vollkommen still geworden war. Den ganzen Tag hatte er gleichsam, ohne Atempause, reden müssen« (S. 81).

Sein eigenes Gefühl von Unwirklichkeit erscheint ihm oft in der Außenwelt wieder. Dann hat die Welt ihren inneren Halt im Gewohnten verloren, alles folgt nur noch dem Prinzip des »als ob«:

»Sogar die Säuglinge unter den Sonnenschirmen, mit ihren karottenbreibraunen Wangen, kamen ihm gekünstelt vor. Auch die tun nur als ob, dachte er. In Wirklichkeit ekeln sie sich zum Platzen vor ihrem abgeschmackten Säuglingsdasein« (S. 40).

Mit Augen und Ohren weidet er Menschen aus, wie um hinter ihr Geheimnis der Harmonie mit sich selbst zu gelangen; folgt unbekannten Menschen, um sich wenigstens vorübergehend in eine Identifizierung mit ihrer Gangart oder ihrem Gesichtsausdruck zu verlieren. Da er immer hellwach bleibt, diagnostiziert er sich auch laufend selbst:

»Ich nehme wahr wie für jemand andern! dachte Keuschnig. Es war aber eine kurze Ablenkung« (S. 59).

Polizisten in ihrer strammen Haltung und Uniform haben immer wieder eine besonders starke Wirkung angesichts des inneren Chaos:

»Im Ernstfall würde jeder von ihnen genau wissen, was er als nächstes tun müßte, und was danach. Bei ihnen war alles geprobt; es konnte ihnen nichts mehr zustoßen, weil sie für alles schon von vornherein eine *Reihenfolge* hatten« (S. 64).

Die Ernüchterung nach den kurzen Identifizierungen ist heftig:

»Geborgte Lebensgefühle; die der Organismus an diesem Tage sofort wieder abstieß. Und der Organismus betätigte sich nur noch zum Abstoßen: hatte er die gekünstelten Gefühle ausgeschaltet, dann war auch von ihm selbst nichts mehr zu spüren; jedenfalls nichts als eine zur ganzen Welt quergestellte, lastende, kadaverschwere Wesenlosigkeit« (S. 66).

Der immer wieder eintretende Verlust eines kohärenten Selbst wird besonders dann fühlbar, wenn durch

Keuschnigs Eintauchen in eine noch so minimale Rolle oder auch nur ein Verhaltensfragment ein Moment der Ruhe eintritt. Der Kauf von Blumen z.B. bringt eine solche kurze Entlastung:

»Er war nur einer von vielen, beschäftigt mit Alltäglichem, so sorglos, daß er Blumen kaufte. Er nahm sich vor, pedantisch zu sein. Im kühlen Blumengeschäft, als jemand, der sich Gladiolen einwickeln ließ, fühlte er sich so geborgen, daß er der Verkäuferin helfen wollte, die Schleife zu binden« (S. 25).

Für einen Augenblick lang fühlte er sich dann wie ein akzeptierter, vom Einverständnis auch der anderen getragener Mitspieler. Da die Phantasie aber wegen der Konfliktspannung, die auftaucht, sobald geredet wird, nie überprüft werden kann, bleibt er immer auf die Zufallsfunde stummer Szenen angewiesen, die sich durch seine eigene Kraft nicht strukturieren lassen.

»Einmal dachte er: Wenn mich jetzt jemand anredet, schlage ich ihm die Schädeldecke durch. Es brauchte ihn nur einer anzuschauen, und er sagte in Gedanken zu ihm: Wehe! Trotzdem begriff er nicht, daß niemand ihn anredete. Als ihn ein Franzose aus der Provinz nach der Rue de L'Orient fragte, war er dankbar, daß er ihm Auskunft geben konnte, und ging ein paar Schritte wie beflügelt« (S. 41).

Der Verlust des Identitätsgefühls wird immer wieder in Zusammenhang gebracht mit Bildern des Verschwindens oder aber einer plötzlichen Entstellung der eigenen Person, die sie für einen selbst wie für andern unkenntlich macht. Die Angst um das eigene Lebendigbleiben bzw. die Panik vor dem inneren Absterben läßt ihn bei vollem Bewußtsein monoman werden:

»Er dachte immer nur an eines, wie ein Wüstling, wenn auch das Eine nicht das Loch einer Frau war, sondern das Unvorstellbare. Sah denn niemand sein obszönes Gesicht? Er verstand nicht, daß keiner ihm nach dem ersten Blick einen zweiten, speziellen zuwarf, daß keine Frau zur Seite schaute, wenn sie ihn erblickte« (S. 36).

Was hier sexuell klingt, ist nicht sexuell gemeint, sondern hat mit Ekel vor dem eigenen Selbst zu tun, das keine Erinnerung an eine freundlich blickende Mutter kennt, sondern dem als Wortfetzen aus der Kinderzeit nur der Wallfahrtsort »Maria Elend« einfällt.

Der unförmige, instabile Zustand des Selbst ruft immer wieder extreme Scham hervor:

»In diesem Moment ... erlebte Keuschnig bei vollem Bewußtsein etwas, was er sonst nur manchmal träumte: sich selbst als etwas zum *Schreien* Fremdes, das aber alle kannten und von dem jeder wußte – eine wie in einem Nest zur Besichtigung freigegebene, sich über den Tod hinaus schämende, sich *unsterblich blamierende* Kreatur, mitten im Ausbrüten aus dem Zusammenhang geschwemmt und nun unabsehbar ein monströser, nicht zu Ende gebrüteter Hautsack, eine Verirrung der Natur, ein *Zwischending*, auf das alle Welt mit dem Finger zeigen konnte – und so ekelhaft, daß man, indem man darauf zeigte, gleichzeitig woanders hinschauen mußte!« (S. 99f.)

Im Zusammenhang mit solchen Zuständen tauchen Selbstmordgedanken auf, aber in dem Gefühl der Leere und Sinnlosigkeit fehlt auch der Selbstvernichtung jeder tröstliche oder aggressive Sinn. Auch die letzte Aktion, die als Befreiung erscheint, wird von Scham und Ekel eingeholt.

»In diesem Augenblick schämte sich Keuschnig vor dem Sterben und dem Totsein. Es war so ausgefallen, einen letzten Atemzug zu tun und ein Kadaver zu sein. Er könnte sich als Toten ertragen, wenn im selben Moment auch die übrige Welt mitaufhören würde ... Die so oft empfundene, haarsträubend widerwärtige Beschämung, zu leben und etwas nackt und fleischig Auffälliges, Sonderbares zu sein, *das eine zuviel*, hielt ihn von der letzten besonders ausgefallenen Lebensäußerung ab und brachte ihn dazu, erst einmal auf dem Felskopf stehenzubleiben« (S. 156 f.).

Nach dieser Niederlage wandert er wieder durch Paris, in der trügerischen Hoffnung, es werde sich etwas ändern in ihm. Da die gierige Wahrnehmung der Außenwelt nie länger als wenige Minuten oder Viertelstunden trägt, wendet er sich mit ähnlicher Anklammerung den inneren Vorgängen zu, wie um das permanente Leerlaufen zu stoppen:

»Gierig beobachtete er die eigenen Gedanken, immer bereit, sie anzuhalten. Er wollte nichts vergessen und wiederholte im Kopf die jüngsten Augenblicke, so wie man Vokabeln einer fremden Sprache memoriert« (S. 163).

Im ganzen Buch gibt es kaum Spuren einer bewußtseinsnahen oder unbewußten Größenphantasie, wie man sie wohl mit Sicherheit bei einer im wesentlichen narzißtischen Störung finden würde. Auch in diesem Bereich herrscht Fragmentierung, ein Durcheinander von magischen Vorstellungen, Verschmelzungserlebnissen, Aufschwüngen, vorübergehenden Identifikationen, die abrupt miteinander abwechseln und alle innere Kontinuität ständig unterbrechen. Trotzdem bleibt ein diffuses Sich-Anklammern an das mögliche Auftauchen von etwas unberechenbar Gutem in Keuschnig spürbar, das mit Ordnung und Harmonie verbunden ist. Diese irrationale Hoffnung, die der Hoffnungslosigkeit als Grundgefühl gegenübersteht, wird gespeist aus versprengten Erlebnissen von Euphorie, die ebenso unvermittelt kommen wie die Anfälle von Wut und Angst und die in Keuschnig die Illusion nähren, er könne doch immer wieder aus eigener Kraft gute innere Zustände erreichen. So erlebt er, wenn sich diffuse Kindheitserinnerungen, z.B. anhand von Gerüchen, mit einfachen sozialen Szenen verbinden, Momente des Aufatmens:

»Niemand schien hier unentschlossen, von sich selbst belastet: zwischen diesen Leuten, die er nie kennen würde, fühlte er sich aufgenommen« (S. 26).

Wohinein er sich aufgenommen fühlt, bleibt unklar.

Manchmal kann er sich die Verbindung zwischen wohligtraurigen Kindheitserinnerungen und aktuellen Szenen durch Laufen heraufrufen:

»Wieder laufend bemerkte Keuschnig neben den frisch bewässerten Topfbäumen im Schotter blinkende kleine Wasserlachen und spürte im selben Moment ein traumhaftes Zusammengehörigkeitsgefühl« (S. 70), das aber rasch wieder abreißt. Ebenso unvermittelt überkommt ihn ein diffuses Machtgefühl: »Er wurde offen für jede Einzelheit, sah andererseits nichts mehr vom andern abgetrennt ... Er fühlte, daß er mächtig geworden war. Er könnte mit allen reden und allen Glück bringen.« (S. 148).

Schon beim Aufbruch zur Pressekonferenz des Präsidenten, an deren Ordnung und Sinnhaftigkeit er sich gleichsam magisch beteiligt, fühlt er sich erhoben.

»Die Münzen klimperten in der Tache beim Laufen, und er lief nur noch schneller, *verfolgte*. Wenigstens kurze Zeit hatte er das Gefühl, allmächtig zu sein und auf die Welt herunterschauen zu können. Sie war für ihn bestimmt gewesen, und jetzt drang er in sie ein, um die abgefallenen Dinge zu sich zu bekehren. ›Da bist du ja, Seine!‹ sagte er gönnerisch, während er über die Brücke lief« (S. 57).

Und genauso wie Menschen ihm immer etwas vorzuenthalten scheinen, ein Geheimnis oder eine innere Ordnung, vermutet er jetzt in den Dingen etwas Erlösendes, das er ihnen entreißen zu können glaubt. Er spricht weiter zur Seine:

»›Fließ nur so nichtssagend weiter – ich werde dein Geheimnis schon noch herauskriegen!‹ – Dann dachte er: Ich erlebe ja etwas, – und auf einmal freute er sich und ging langsamer« (S. 57).

So pendelt er zwischen Aufschwüngen und Abstürzen, Angst und Wut, Dumpfheit und Überwachheit, ohne eigentlich je auch nur für Stunden eine innere Ruhelage zu finden.

Die Aussagen Keuschnigs möchte ich nun einigen Forschungsergebnissen zum klinischen Bild der Borderline-Persönlichkeit gegenüberstellen, wobei ich mich im wesentlichen auf die Arbeiten von Kernberg und den Bericht von Christa Rohde-Dachser stütze und mich dabei an die klinische Phänomenologie halte.

Als Hauptsymptome der Borderline-Persönlichkeit gelten: frei flottierende Angst bei relativ gering entwickelter Angsttoleranz; Zwangssymptome, die zum Teil ichsynthon werden, weil sie passager tatsächlich immer wieder Angst binden; hypochondrische Neigungen, Krankheits- oder Ansteckungsfurcht; ein Mischzustand von Wut-, Ohnmachts- und Hilflosigkeitsgefühlen; eine Neigung zur Fragmentierung der eigenen Persönlichkeit, die sich in widersprüchlichen Ichzuständen zeigt; gelegentlicher Verlust der Impulskontrolle; eine Neigung zu präventiven Angriffen auf andere; eine hervorstechende Bedeutung des Auges, teils mit oral-gieriger, teils mit analsadistisch-kontrollierender Bedeutung, teils mit der Tendenz, das leere Selbst zu füllen; Angst vor Nähe und eine davon unterschiedene Angst vor Liebe; ein rasches Schwanken zwischen Idealisierung und Entwertung von Objekten; eine paranoide Grundhaltung; Neigung zu Dämmerzuständen und vorübergehender Stumpfheit; ferner Verhaltensweisen, die erkennen lassen, daß Mitmenschen eigentlich fremde Wesen sind, also ein starker Mangel an Empathie; Größenphantasien, die aber, anders als bei den narzißtischen Störungen, ebenfalls in fragmentierter, kontradiktorischer und fluktuierender Form auftreten und sich nicht zu einer kompensierenden Lebens- oder Größenidee zusammensetzen; schließlich die Grundgefühle von Verlassenheit und Sinnlosigkeit und starke Schwankungen im Selbstwertgefühl.

Bei keinem Autor habe ich ein rein deskriptives Verzeichnis der Symptome oder des klinischen Bildes gefunden. Sehr rasch mischen sich deskriptive Aspekte mit Symptomschilderungen, die bereits eine metapsychologische Einordnung enthalten. Das hängt vermutlich mit der Tatsache zusammen, daß die wesentlichsten Phänomene heute nicht mehr, wie früher, einer allgemeinen und nicht in Frage gestellten Ichschwäche zugeordnet werden, sondern diese Ichschwäche selbst als ein kompliziertes, instabiles Gleichgewicht zwischen Impulsen und vielfältigen Abwehrleistungen angesehen wird. Kein Gefühlsinhalt stellt sich im Grunde beim Borderline-Patienten als das dar, was er ist, sondern die Identitätsdiffusion und das Vorherrschen von Spaltung als Hauptabwehr scheinen jeden Ichzustand und jedes defensive Manöver jeweils mehrfach zu determinieren, eine Tatsache, die Rohde-Dachser als ein Vorherrschen von Deckabwehr und Deckidentität bezeichnet.

Wirklich eindeutig greifbar und kontinuierlich scheint nur das Leeregefühl, weil es als Grundschicht des Erlebens immer wieder hervortritt und weil es noch am ehesten als das Abgewehrte, nicht als das zur Abwehr eingesetzte Gefühl erscheint. Für Kernberg ergeben sich klassifikatorische Unterschiede innerhalb der Borderline-Kategorie vor allem aus der unterschiedlich heftigen oder variierten Abwehr gegen dieses Grundgefühl. Süchtigen oder überaktiven Borderline-Patienten stehen also andere gegenüber, von denen Kernberg sagt: es scheint,

»als wehrten sie sich schon gar nicht mehr gegen dieses Empfinden von Leere und Sinnlosigkeit; sie nehmen gewissermaßen einen mechanischen Lebensstil an und erledigen ihren Tageslauf mit einem alles abtötenden Gefühl von Unwirklichkeit. ... Oft haben diese Patienten das Gefühl, niemanden mehr lieben zu können und auch selbst für niemanden mehr liebenswert zu sein ... die menschliche Welt erscheint ihnen als entleert von jeglichen sinnvollen persönlichen Beziehungen – zumindest was ihre eigenen Beziehungen zu anderen anbelangt.« (1975, S. 246).

Der letzte Satz ist wichtig, weil das Gewahrwerden funktionierender Beziehungen bei anderen eng mit Neid verknüpft ist oder, als Abwehr dagegen, mit einer so verzerrten Wahrnehmung, daß auch diese Beziehungen als grotesk und sinnentleert erscheinen. Dazu eine von Keuschnigs Beobachtungen:

»Eine Frau begegnete ihm, die mitten auf der Straße zu lächeln anfing und ein paar Laufschritte machte. Er erschrak. War sie wahnsinnig geworden? Dann sah er jemanden von weitem auf sie zugehen – und er lächelte auch! Unbeirrbar lächelnd gingen sie einander entgegen und retteten ihr unentwegtes Lächeln über die ganze Distanz und über alle Hindernisse, obwohl doch der Mann unterwegs über eine leere Holzkiste stolperte und die Frau mit jemandem anderm zusammenstieß! Keuschnig ertrug das Schauspiel nicht länger und ging mit Urindrang weiter. Jetzt werden sie ihre äffischen Arme umeinander legen, sich in die jämmerlichen Augen schauen und links und rechts auf die kläglichen Wangen küssen, dachte er. Und dann werden sie unbeirrbar ihrer sinnlosen Wege gehen. Gespenstisch! Er hatte das Gefühl, den Unterkiefer sinken lassen zu müssen, um sich von all seinem Speichel zu entleeren« (S. 39f.).

Das Ausmaß von Sehnsucht und Neid ist so drückend, daß es sich in Ekel verkleiden muß. An einigen Stellen wünscht sich Keuschnig die Fähigkeit zur Sehnsucht zurück. In ihr läge wenigstens ein kleines Stück Zukunftshoffnung, aber dann holt ihn Zukunftslosigkeit schon in Form einer Kindheitserinnerung ein:

»Am Rande des Parks bewegte sich hinter Gebüschen blaue Wäsche und erinnerte ihn rätselhaft an seinen Geburtsort, nicht an ein besonderes Ereignis, sondern an eine lange, tödliche Ereignislosigkeit. Als sei das die Möglichkeit, versuchte er sich zu öffnen für Erinnerungsbilder. Aber nichts mehr geschah« (S. 155).

Diese Rückführung der eigenen Erstarrung und der Erstarrung der Welt bis in die Kindheit illustriert auch den Kernbergschen Satz, daß solche Patienten »ihre Leere eher als angeborenen Wesenszug« empfinden, an dem sie aus eigener Kraft nichts mehr zu ändern vermögen. Sie erleben sich sehr früh als »anders«, und die Metapher der Verwandlung scheint bei Keuschnig ein Endresultat des bis dahin wohl unentschiedenen Kampfes um die Hoffnung, doch noch lebendig und real zu sein.

Mit der Verwandlung akzeptiert er seinen Ausstieg aus der Hoffnung, wie die anderen zu sein. Die literarische Kunstfigur des mutmaßlich begangenen Mordes, die bereits in Handkes Roman *Die Angst des Tormanns beim Elfmeter* eine Rolle spielt, hat also mehrere Funktionen. Die der Schwelle zur radikalisierten Selbstwahrnehmung wurde bereits erwähnt. Außerdem bringt die Unsicherheit, ob er einen Mord begangen oder nur geträumt hat, das Grundgefühl, das sein Leben bestimmt, und die unerträglichen, diffusen Schuldgefühle auf einen faßlichen Begriff. Kernberg schreibt,

»daß diese Patienten an unbewußten Schuldgefühlen leiden und die ›Entleerung‹ ihres subjektiven Erlebens als Ausdruck ständiger Angriffe des Über-Ichs auf das Selbst zu verstehen ist« (S. 247).

Wenn aber die Übergriffe des Überichs als auf das Selbst gerichtet erscheinen, dann liegt die erlebte Urschuld nicht in Triebimpulsen, sondern in Lebensregungen des Selbst überhaupt. Dies führt Rohde-Dachser dazu, die Frage »Darf ich Ich sein?« überhaupt für die Kernfrage dieser Patienten, um die sich alles andere gruppiert, zu halten.

Da diese Frage: »Darf ich Ich sein?« irgendwann negativ entschieden wurde, führt die Entwicklung direkt zu einem weiteren Zentralthema des Borderline-Patienten: der Verachtung und der Selbstverachtung, die wiederum in engem Zusammenhang mit der bereits diskutierten, extrem schmerzhaften Scham stehen. Wiederum sieht es bei der Frage der Abgrenzung von narzißtischen und Borderline-Störungen so aus, daß einem Menschen mit integriertem, wenngleich oft abgespaltenem Größenselbst beim narzißtischen Typus im Kohutschen Sinne auch stabilere, zielgerichtetere Formen der Verachtung möglich sind (etwa gegen jüngere Geschwister, weniger begabte Menschen, verächtlich erlebte Eltern usw.). Beim Borderline-Patienten ist alles fluktuierender und viel mehr nur aus der Abwehrsituation des Augenblicks verstehbar. Die Verachtung erscheint weniger als kontinuierliche Haltung denn als von Fall zu Fall eingesetzte Waffe zu einer passageren Regulierung des Gleichgewichts, verbunden allerdings mit einem gewichtigen Nachteil: die Verachtung wird nie so ichsynthon und damit zuverlässig als Abwehr wie beim narzißtisch Gestörten. Das hellwache Ich muß immer wieder gedemütigt registrieren, zu welchen Manövern es die allgemeine Ichschwäche zwingt: so bleibt Keuschnig in guten Momenten ein klares Bewußtsein dafür erhalten, daß er nicht verachten möchte. In der Passage, die ich zunächst zitieren möchte, stammt sein relatives Wohlbefinden aus einer vorübergehenden Identifizierung mit seinem Kind, das ruhiges Selbstsein ausstrahlt:

»In ihrem Fürsichsein strahlte sie von einem Stolz, so objektiv, daß er auch auf ihn überging. Mit ihr wahrnehmen! Das vertrieb erst einmal die Abgeschmacktheit und den Überdruß. Mit welcher Besserwisserei käme er dazu, die müden, unzufriedenen Frauen zu verachten, die schreiende und zwischendurch doch wieder einmal selbstvergessen hoppelnde Kinder hinter sich herschleiften und dann auch schlugen?« (S. 141).

Sobald er aber nicht über eine identifikatorische Anleihe mit sich im Einklang ist, überschwemmt ihn die Verachtung, die ihm selbst als schäbig erscheint, und notgedrungen identifiziert er sich sogar mit ihr, als nähme er plötzlich einen sicheren, überlegenen Standpunkt ein. Das Verächtliche ist dann sozusagen ohne Rest nach außen verlagert, so wie es ihn fast vernichtet, wenn die Schleusen sich nach innen öffnen und das mühsam Externalisierte mit rächender Gewalt wieder auf ihn zurückströmt.

Im folgenden zitiert er einen Freund, der aber viele Züge

von Keuschnig selbst trägt:

»Eine Frau erzählte mir ... von sich, und ich wollte sie fragen: Was hast du, mit deinem kleinen Gesicht, für ein Recht, *ich* zu sagen? Auf der Straße, beim Anblick der Entgegenkommenden, denke ich: Wie viele verschiedene Schicksale – und alle gleich langweilig. Manchmal habe ich Lust, die Zeitungsfrau nach ihrem sozialen Werdegang zu fragen – aber nur aus Hohn« (S. 91).

Kindheitserinnerungen sind bei Keuschnig selten. Falls sie auftauchen, sind es lähmende Bilder der äußeren oder, was noch schlimmer ist, der inneren Ereignislosigkeit oder Demütigung. Beim Anblick eines Betrunkenen, den der Busschaffner erniedrigt, öffnet sich ein Erinnerungsspalt in die Kindheit!

»War mein Mitleid nichts als ein Mitleid mit mir selber von früher gewesen – indem ich mich beim Anblick von Gedemütigten an das Kind erinnerte, das sich ohne Aufmucken demütigen ließ? – Zeuge einer Demütigung: bei einer solchen Demütigung fühlt sich auch der Zeuge als Ertappter« (S. 85).

Hier wird nicht nur die Demütigung als Quelle der Selbstverachtung spürbar, sondern die Umkehr in aktives Verachten mit der gleich mitgelieferten Beschämung ist ebenso deutlich.

Manchmal scheint genetisches Material greifbar, wenn die Mutter als mögliche Erinnerungsfigur auftaucht:

»Eine Frau mit gefüllter Einkaufstasche ging zielbewußt über das Carré. Schau mich an, du! dachte Keuschnig. Niemand will mich ansehen ... Gleich würde sie zu Hause in ihrer abgeschmackten Küche nicht davor zurückschrecken, das zum Erbrechen goldgelbe Öl in die vorgewärmte Pfanne zu gießen. Das zum Ohrenzuhalten lächerliche Bruzzeln, wenn sie das groteske Stück Fleisch in die Pfanne legt ..., und dann, wie das Amen im Gebet, der an hoffnungsloser Traulichkeit nicht zu überbietende Duft, den sie durch das offene Fenster auf die unschuldig Vorbeigehenden loslassen würde!« (S. 78f.).

Paradox erscheint zunächst, daß die Frau mit der Einkaufstasche, die im vierten Satz der Passage einer vernichtenden, mit Haß durchsetzten Verachtung anheimfällt, im zweiten Satz fast angefleht wird: »Schau mich an, du!« Der dritte Satz: »Niemand will mich ansehen ...« bringt ein Durchgangsstadium der Enttäuschung und des Verlassenheitsgefühls, es folgen dann im Text drei Punkte, und dann bricht sich die Verachtung als Reaktion auf das Nichtgesehenwerden Bahn. Nicht umsonst sagt Alice Miller über solche Szenen, deren Resultat Verachtung ist: »... ihre gemeinsame Funktion ist die Abwehr der unerwünschten Gefühle« (1979, S. 164).

Der immer wiederkehrende Wunsch von Keuschnig, angeschaut oder angesprochen zu werden, hat sich aber wieder nicht in eine stabile exhibitionistische oder leistungsbezogene Selbstdarstellung oder Selbst-Phantasie verwandelt. Solche Konfigurationen sind es ja, deren Konstanz Kohuts Optimismus hinsichtlich klar konturierter und in der Analyse sozusagen verläßlicher narzißtischer Übertragungspositionen begründen. Auch der archaische Exhibitionismus bleibt für Keuschnig ein versprengtes Fragment, von Anfang an von einem Gefühl des Absurden begleitet:

»Er sah einen Mückenstich am Hals des Polizisten, und zugleich kam ihm wieder ein Bild aus dem Traum dazwischen: sein Oberkörper fleckig von Mückenstichen. Er war nackt gewesen, fiel ihm ein, wie oft in den Träumen – aber diesmal hatte er, anders als sonst, nackt sein *wollen*. Er hatte erstmals eine Lust dabei gespürt, sich nackt zu zeigen, und zwar nicht jemandem allein, sondern einer ganzen Gesellschaft; und statt nur vorbeizulaufen, stellte er sich vor alle hin« (S. 63f.).

Ganz zwangsläufig stellt sich hier natürlich die Frage, ob Handkes schonungsloses autobiographisches Schreiben nicht eben diesen im Traum angedeuteten Lösungsversuch perpetuiert. Damit wären wir aber wieder bei der Psychoanalyse des Autors, und dieser immer wieder auftauchenden Versuchung möchte ich entgehen. Ein Weg dazu erscheint mir die Beachtung des auslösenden Moments bei Keuschnig für die Erinnerung an den Traum: der Mückenstich am Hals des Polizisten.

Ich weiß nicht, ob der Leser den anschließenden Hypothesen folgen will. Mir erscheinen sie plausibel und einen neuen Weg zu öffnen für eine mögliche Theorie der Interpretation der modernen autobiographischen Literatur. Die Lust, sich nackt zu zeigen, ist verknüpft mit der Tatsache, daß der »Oberkörper fleckig von Mückenstichen« ist. Das ist für mich ein Hinweis auf die Verknüpfung von Selbstdarstellung und Darstellung von psychischer Erkrankung, hier angedeutet im zerstochenen und fleckigen Körper als Symbol des Selbst. Es gibt keinen fröhlichen Exhibitionismus, keine fröhliche Selbstdarstellung mehr. Der verzweifelte Mut, von sich selbst zu sprechen, führt zu einem Sprechen über die eigene Erkrankung. Das bedeutet, daß sich die Psychoanalyse aber nicht mehr nur verschämt solchen Werken nähern müßte, so als griffe sie sich einen Anteil der modernen Literatur quasi aus einem illegitimen Blickwinkel heraus, sondern sie böte eine Art notwendiger Lesehilfe bei der Entzifferung einer allgemeinen Gefährdung des Subjekts. Dem universellen Begriff der Entfremdung, der im ökonomischen und sozialphilosophischen Bereich am weitesten öffentlich entschleiert scheint, würde also das andere Extrem einer Entzifferung der Entfremdung im Innersten des Subjektes nachgeliefert, die weit ins Pathologische reicht und gleichwohl sehr verbreitet scheint.

Ich möchte noch auf zwei Varianten von Keuschnigs Versuchen hinweisen, sich aus dem Sumpf der Verzweiflung oder der drohenden Panik zu ziehen, die sich ebenfalls in das Bild eines Borderline-Patienten einfügen. Das eine ist die Sexualität als vermeintliche Brücke zum anderen, wobei der Partner aber nicht als Partner wahrgenommen zu werden braucht, sondern nur als ein Objekt kurzer, aber komplizierter Verschmelzungsvorgänge fungiert. Der Brückenschlag erfolgt, analoge Signale im Partner vorausgesetzt, fast in Sekunden. Keuschnig sieht z.B. im Botschaftsgebäude an einem anderen Fenster ein Mädchen, das Blumen gießt. Sie tauschen Blicke aus.

»Plötzlich schaute sie ihn noch einmal an – ... mit einem Blick, der nicht abbrach, alt, böse und vergrämt vor Geilheit. Sein Glied wurde steif, und er erschrak und wich kurz zurück. – Dann vergaß er alles und ging schnell durch den Flur zu ihr hinüber. Sie kam ihm im Zimmer entgegen. ... Mit zwei, drei Bewegungen waren sie am Boden ineinander, mit ein paar weiteren riß sie die Augen auf, und er schloß sie. – Beide gleichzeitig fingen sie im nächsten Moment fürchterlich zu lachen an. Keuschnig hatte nicht das Gefühl gehabt, mit einer einmaligen, bestimmten Frau zusammen zu sein« (S. 54f.).

Die psychischen Ziele, die Keuschnig verfolgt, werden erst im nachfolgenden Rückblick klar. Es geht um eine Verschmelzung, die den Zustand innerer Verfolgung beendet. Sie schauen sich hinterher verschworen an; er verliert die Angst, sich zu verraten.

»Er hatte vor ihr kein Versteckspiel nötig, nie mehr. Ohne Angst vertiefte er sich in sie: sie hatten voreinander keine Geheimnisse, aber ein gemeinsames Geheimnis vor den andern. Einige Augenblicke lang hatten sie *alles* gemeinsam« (S. 55).

Und er denkt noch:

»Jetzt habe ich also eine Verbündete!«

Dabei ist die Episode bereits beendet, und sie hat ihm ebenfalls zu verstehen gegeben, daß die Begegnung ein Zufall unter vielen war, die sie in ähnlicher Weise erlebte. Das Unpersönliche ist sogar die Voraussetzung für sein kurzes inneres Hochgefühl.

Bei einem bereits erwähnten Besuch bei einer Freundin, die er schon länger kennt, versucht er, die Gefahren der persönlichen Nähe durch abschweifende Phantasien in Schach zu halten:

»Während er ihre Brüste streichelte, gelang ihm eine kleine Berührung dann wirklich, und er hatte gleichzeitig die abenteuerliche Vorstellung, in diesem Moment für sich, und nur für sich, einen Ort weitab, tief in Neu-England zu entdecken. ... Lieblos und zugleich voll Angst schlief er mit ihr. Sie verstellte sich nicht, schaute ihn unnachsichtig an. ... Vergebens versuchte er, an eine andere Frau zu denken; es gab keine mehr. Beatrice hatte schon lange aufgehört, sich mit ihm mitzubewegen – während er sich um so heftiger bewegte. Er war endgültig in der Falle, durchschaut. Sein Hodensack wurde kälter und kälter. Seine Zunge raschelte im weit offenen Mund. Er strich ihr über die welke Haut am Ellenbogen und wollte brüllen vor Aussichtslosigkeit.« Als er sich trennt von ihr, heißt es: »die Welt schien auf wenige Schreckensgeräusche zusammengezogen, sonst leer« (S. 129).

Er bleibt trotz solcher Erfahrungen an eine fragmentarisch auftauchende Hoffnung gebunden, daß durch einen gierigen Überfall auf eine Frau sich etwas an der inneren Verzweiflung ändern könnte. Der Sadismus gegenüber dem Beutetier kehrt über den rasch durchlaufenen Umweg über die projektive Identifikation als Angst vor der Rache zurück. Das rasche Wegstoßen des benutzten Objekts hat nicht nur zu tun mit der eigenen Angst vor seinen Anklammerungswünschen, sondern auch mit der Angst vor der Sehnsucht der Frau nach Dauer. Das Ausmaß der Ängste, die mit Anklammerung verbunden sind, zeigt sich verdichtet bei der Wahrnehmung eines Schmetterlings, der an seinem Finger Halt sucht:

»Ein Schmetterling flatterte an seinen Fingerspitzen und wollte nicht weg, als klammerte er sich gerade deshalb so an ihn, damit er ihn nicht totschlüge« (S. 143).

Keines der Objekte, denen er sich nähert, überlebt seinen Angriff, und er flieht, aus Angst, er selbst werde die Rache nicht überleben.

Die zweite Variante der möglichen Selbstrettung besteht in einer ebenfalls fragmentierten Hoffnung, sich als Subjekt selbst zu erschaffen, um endlich nicht mehr in mörderischer Abhängigkeit von den andern zu leben. Diese Phantasie ließe sich noch am ehesten mit einer unbewußten Größenphantasie im Kohutschen Sinne vergleichen. Es fehlt allerdings die Kontinuität, eine halbwegs geordnete Abwehr im Umgang mit ihr oder Momente eines verläßlichen Funktionierens.

Als er sich von seiner Freundin weggeschlichen hat, steht er mit leerem Inneren auf der Straße.

»Jetzt hilft nur noch ein Plan, dachte er. Alles was ich ab jetzt tue, muß ich vorausberechnen, als handle es sich um Geschäfte. *Une nouvelle formule* war der Slogan ... Bevor im Geschäftsleben etwas stillstand, fand man eine neue Formel: warum nicht auch er für sich selber? Sich neu erfinden! – Er wollte dazu erst einmal geduldig die andern beobachten, weil ihm das, um sich selber neu zusammenzusetzen, notwendig erschien« (S. 130).

Die hiermit gewählte Methode hält ihn zwar noch in einer gewissen Abhängigkeit von der Beobachtung der Anderen, verschafft ihm aber das Gefühl der Wahl und der Selbständigkeit bei der Neuerfindung seiner selbst. Das neuerfundene Selbst braucht allerdings einen gewissen Halt an einer zwanghaften Anordnung des Lebens, ein selbstgeschneidertes Korsett, das sich wie ein objektfernes mütterliches Gehalten-Werden anfühlt:

»Ein volles Programm, dachte er dankbar, kein freier Moment, alles geregelt bis zum Ausschalten der Nachttischlampe gegen Mitternacht. Zumindest heute war jede Minute schon vorgesehen; keine gefährlichen überflüssigen Bewegungen; die Wonnen eines vollen Terminkalenders. – Und wirklich kam er sich bei diesen Gedanken wonnig umhegt vor. Unbesorgt konnte er also die Augen heben, und die Welt lag vor ihm, als hätte sie bis jetzt nur auf ihn gewartet« (S. 34).

Im Schutz dieses selbstgemachten, aber mütterlich haltenden Korsetts fühlt er sich zu kreativer Wahrnehmung wie zum Kampf in der Lage. Er wird dabei so kühn, sich des Alleinseins für fähig zu halten. Es ist allerdings kein gelassenes Alleinsein, sondern eines, das mit magischen inneren oder äußeren Quellen rechnet oder mit mystischen Fähigkeiten, im Alleinsein die Selbstoffenbarung der Welt oder der Dinge zu erleben, wenn er aus der Not der inneren Leere die Tugend totaler Rezeptivität macht:

»Den ganzen Tag hatte er gleichsam, ohne Atempause, reden müssen. Jetzt hörte er nur noch zu« (S. 81).

Es scheint also eine Art Erlösung zu sein, alle inneren Vorgänge zum Erlöschen zu bringen und nichts als Wahrnehmung zu sein. In dieser mystischen Grundhaltung bemerkt er drei Gegenstände zufällig beieinanderliegen.

»Sie hatten schon die ganze Zeit so dagelegen, doch auf einmal rückten diese Gegenstände zusammen zu Wunderdingen. – ›Wer sagt denn, daß die Welt schon entdeckt ist?‹« (S. 81).

Er gerät in einen Zustand der Erhebung, als strahlte von den drei Dingen eine Art religiöser Kraft aus.

»Sie stimmten ihn so zuversichtlich, daß er nicht mehr ruhig bleiben konnte« (S. 82).

Er ahnt die Idee eines Geheimnisses, das sich nur ihm erschließt, und das seine Todesangst mildert.

»Bei diesem Gedanken erschrak Keuschnig vor Freude. Er fühlte sich auf einmal so befreit, daß er nicht mehr allein bleiben wollte. Er würde auf jemanden zugehen und sagen: ›Du brauchst vor mir keine Geheimnisse mehr zu haben!‹ ... Ich habe eine Zukunft! dachte er triumphierend ... Herbeigezauberte Nähe! ›Ich kann mich ändern‹, sagte er laut. – Er stampfte auf, aber es war kein Spuk ... Er fühlte sich von neuem allmächtig, aber nicht mächtiger als irgend jemand andrer« (S. 82f.).

Dieser letzte Satz bei seinem magischen Aufschwung berührt zunächst merkwürdig, erhält aber seinen Sinn, wenn man sich vor Augen führt, daß Keuschnig, wie erwähnt, die meisten Menschen im Besitz von etwas ihm Vorenthaltenen wähnt, Sinn, Ordnung, Harmonie, Selbstwertgefühl, worum er sie beneidet und weswegen er sie immer für mächtiger hält als sich selbst. Und nun fühlt er sich auf dem Umweg über die »herbeigezauberte Nähe« aus eigener Kraft in den Besitz dieser phantasierten Macht der andern gelangt. Wichtig ist das Gefühl, er könne unter bestimmten Bedingungen in sich selbst einen erhabenen Zustand des Selbst erzeugen, in dem er zudem für andere eine Erlöserrolle bekommt, falls sie nur seine Botschaft hören können. Die innere Fülle zerbricht allerdings sofort, als er sich seiner Haustür und damit Menschen nähert und dort und drinnen die bereits erwähnten demütigenden Erlebnisse mit seiner Frau und seinen Freunden hat.

Lore Schacht hat Winnicotts Theorie des wichtigen Übergangs vom subjektiven, also aus der Omnipotenz des Kleinkinds heraus gestalteten Objekt zum realen, vorgefundenen und zu gebrauchenden Objekt an einem zentralen Punkt fortgeführt: sie arbeitete anhand einer Kinderanalyse heraus, daß die frühe Omnipotenz des Subjekts sich auch auf die Phantasie ausdehnt, sein eigener Schöpfer und Erhalter zu sein. Diese Phantasie wird um so zäher festgehalten, je weniger ein mütterliches Objekt vorhanden und stabil genug war, um den krisenhaften Übergang vom subjektiven zum objektiven Objekt zu überleben. Die Illusion der Selbsterschaffung und Selbsterhaltung des kindlichen Subjekts wird so zu einem Refugium, in dem sich offenbar eine besonders schwer aufzulösende grandiose Phantasie halten und auf die weitere Reifung destruktiv auswirken kann.

Genau an dieser Schwelle des Übergangs vom subjektiven zum objektiven Subjekt scheint Keuschnig zu stehen und zu scheitern. Die folgenden Sätze aus dem Aufsatz *Subjekt gebraucht Subjekt* von L. Schacht scheinen wie über

Keuschnig geschrieben:

»Damit meine ich, daß sich zu Beginn das Subjekt selber sieht, wie es sich sehen will, um seinen Anspruch auf Omnipotenz zu unterstützen. Das Subjekt nimmt gleichsam an, daß es das Subjekt überschaut. ... Das Subjekt betrachtet sich, als habe es sich selber entworfen und geschaffen« (1973, S. 163).

Es fehlt auch nicht der präzise Hinweis darauf, daß es hierbei überhaupt um die Konstruktion oder das Vorfinden von Realität geht, bzw. daß das Thema der Leere und des Realitätsverlustes mit dieser Fiktion der Selbsterschaffung in engem Zusammenhang steht.

»Das Subjekt, das daran festhält, sich ausschließlich im Rahmen subjektiver Prägung zu bewegen, wird sich schließlich als unreal oder als nicht wirklich ... erleben – als real nur dann, wenn es zurückgezogen auf seine subjektive Innenwelt lebt« (a.a.O.).

Die immer wieder scheiternde Illusion der subjektiven Selbsterschaffung führt beim Borderline-Patienten, als dessen Musterfall ich Keuschnig sehe, zum Sprudeln einer neuen Quelle von Scham, Verzweiflung und Depression: »Das Subjekt erfährt das Subjekt als nicht absolut kontrollierbar oder als nicht ganz verfügbar« (a.a.O., S. 164), und genau mit dieser Tatsache hat sich Keuschnig niemals aussöhnen können. Er erlebt es als demütigendes Scheitern, »daß er nicht sein eigener und fortwährender Schöpfer ist« (a.a.O., S. 165).

Die Demütigung, die den Kreislauf der Selbstentwertung in Gang hält, ist analog der, wenn Keuschnig merkt, daß das System seiner projektiven Identifikation und projektiven Externalisierung innerer Zustände ein Spuk ist, der ihn narrt und in verzweifelter Verwirrung zurückläßt. Er erlebt häufig eine innere Stimmung als aus der äußeren Welt kommend, so z.B. wenn ihm Menschen, Häuser und Himmel so vorkommen, als werde gleich Krieg ausbrechen. Da der Ausweg in das Wahnsinnigwerden versperrt ist, muß er das phantasierende und projizierende Subjekt, auf dessen Realität er immer wieder, wenngleich nie wirklich hoffnungsvoll, baut, als den inneren Rattenfänger entdecken:

»Es wäre das Ende einer Möglichkeit, dachte Keuschnig, wenn auch dieser allgemein erscheinende Zustand draußen wieder nur mein höchsteigener wäre« (S. 48).

Trotz permanenter Niederlagen mit diesen inneren Aufschwüngen bleibt aber eine diffuse Zuversicht, sie könnten wiederkehren, und hier lassen sich vielleicht ein paar Anmerkungen darüber machen, warum Keuschnig sich als ein vielleicht unbehandelbarer, nicht verstanden sein wollender Borderline-Patient darstellt: er scheint noch an einen Münchhausen-Effekt zu glauben, an die Wunderheilung aus einer inneren oder äußeren Quelle, die er nur noch nicht entdeckt hat. So heißt es auf den letzten Seiten des Romans:

»Er war frei, jedenfalls für diesen Abend und diese Nacht. Eroberungslustig fing er hügelab zu laufen an, und die Häuserreihen sanken nieder, wie eingenommen von seinem Blick. ›Ich verändere mich gerade!‹ sagte er. ... Obwohl er dasselbe sah wie sonst ..., war es doch fremdartig geworden, und damit erlebbar. Er trat fest auf und reckte sich. ... Als er an einer Passage vorbeiging, dachte er: Hier könnte sie passieren, die einmalige, noch nie erzählte Begebenheit!« (S. 162).

Also wiederum das Warten auf eine Offenbarung, und wieder zerbricht alles, sobald er unter Menschen kommt.

Ich habe zu zeigen versucht, daß Handke in der Figur des Keuschnig mit erzählerischen Mitteln die plausible und in sich schlüssige »Gestalt« eines fast idealtypischen, an der Grenze der Selbstvernichtung stehenden Borderline-Patienten gelungen ist. Dieser Patient würde es als eine Unverschämtheit ansehen, wenn man ihn als solchen bezeichnete. Er pocht auf sein Anderssein, das er doch als Qual empfindet. Sein Leben ist eine einzige Anstrengung, den

Gefühlen von Wut, Angst und Leere zu entgehen. Er narrt sich oder läßt sich narren von den kurzen inneren Aufschwüngen, von kurzen Zuckungen des echten oder vermeintlichen Selbstseins und klammert sich verzweifelt an den Glauben, doch noch zu seinem eigenen Retter zu werden. Er haßt es, verstanden zu werden. Verstandenwerden ist nicht nur Ertapptsein und Enttarntwerden, es führt auch in eine nicht auszuhaltende Nähe der seelischen Schmerzen, die diese »klinische« Maßnahme der Selbstfragmentierung und inneren Entleerung diktiert haben.

Die naive therapeutische Reaktion auf einen solchen Patienten, wenn er nun doch eines Tages in unsere Praxis käme, wäre oft vermutlich die: weder behandlungswillig noch behandlungsfähig. Ich bin überzeugt, daß viele potentiell Hilfesuchende abgewiesen wurden, weil sie gleich auf der Schwelle zum Verstehen im Therapeuten eine Gegenbewegung auslösen, die mir wie ein unmittelbares Zurückschlagen, eine vorweggenommene Gegenwehr gegen das vermeintliche Scheitern, die Entwertung, den Hohn, das Nacherleben der frühen Schmerzen in der Identifikation mit dem Patienten vorkommen. Und doch scheint mir Keuschnig, vorausgesetzt, es gäbe ein Vorverständnis seines inneren Zustandes, wenn er zu uns kommt, Hinweise anzubieten für mögliche Brücken zu seinem fragmentierten, leeren oder auf panischer Flucht befindlichen Selbst. Eine Brücke scheint mir die extreme Scham, und ich kann mir Wendungen vorstellen, die quasi ins Herz dieser Scham gehen und ein Bündnis mit der tief vergrabenen Hoffnung schließen, doch noch als ein wirklich willkommenes Subjekt angeschaut zu werden. Die Gefährlichkeit des mütterlichen Blicks wäre damit das zweite Stichwort. Übersteht der Patient das erste wissende und einfühlende Angeschautwerden durch den Analytiker und beide überleben, so könnte die Brücke einer therapeutischen Beziehung tragen.

Handke, P. (1974), *Wunschloses Unglück*, Frankfurt a. M. (Suhrkamp).
– (1975), *Die Stunde der wahren Empfindung*, Frankfurt a. M. (Suhrkamp).
Kernberg, O. F. (1975), *Borderline-Störungen und pathologischer Narzißmus*, Frankfurt a. M. (Suhrkamp) 1978.
Kohut, H. (1971), *Narzißmus*, Frankfurt a. M. (Suhrkamp) 1973.
– (1977), *Die Heilung des Selbst*, Frankfurt a. M. (Suhrkamp) 1979.
Miller, A. (1979), *Das Drama des begabten Kindes*, Frankfurt a. M. (Suhrkamp).
Rohde-Dachser, C. (1979), *Das Borderline-Syndrom*, in: *Psyche*, 33, S. 481–527.
Schacht, L. (1973), *Subjekt gebraucht Subjekt*, in: *Psyche*, 27, S. 151–168.

Ödipale Leichenschändung: Der Vater im Dritten Reich
Zu Christoph Meckels Roman *Suchbild*

Kannst du das Wasser verdünnen?
Kleinigkeit.
Kannst du die Dunkelheit essen?
Das weißt du doch.

Die Zahl der Väterbücher wächst rapide an. Sie werden, als neue Gattung, bereits zum Thema germanistischer oder psychohistorischer Forschung. Das Recht, das Leben des Vaters aus der intimen Sicht des Sohnes öffentlich darzustellen, scheint nicht mehr in Frage gestellt. Väter genießen nicht mehr den Schutz öffentlicher Unversehrtheit. Sie werden vorgeführt, weil sie – obwohl sie in der Regel tot sind –, wenn sie beschworen werden, noch nicht ausgedient haben. Was sie zu bieten hatten, war zu wenig, oder es war unzugänglich, rätselhaft oder schlicht empörend. Auf jeden Fall bleibt ein Gefühl der Entbehrung. Sie müssen auf der Bühne erscheinen, um noch etwas herzugeben oder anzunehmen. Peter Härtlings Vaterbuch heißt *Nachgetragene Liebe*. Ein anderes heißt *Der Riese am Tisch* oder, als Gegensatz dazu, *Die kleine Figur meines Vaters*. Ein anderer Titel lautet *Vaterspuren*. Ein Teil der Arbeit der Evokation ist nachgeholte Trauer, nachgeholtes Erfassen, nachgeholte Wut, nachgetragene Liebe oder auch nachgeholte Abgrenzung. Es ist, als ob die Väter, ruhelosen Geistern gleich, noch durch die Welt irrten und endlich dingfest gemacht werden müßten. Dabei wird in allen Büchern deutlich, daß sie *im Schreibenden* noch keinen sicheren Platz gefunden haben oder auch, daß sie noch zu viel inneren Raum beanspruchen. Es zieht sich eine Doppelbewegung durch die Väterbücher: ein Hereinnehmen und ein Hinauswerfen. Zwischen den Polen findet sich, noch vor der Verinnerlichung oder dem Ausstoßen, die Konturierung. Denn es gibt viele Kinder, die nie klar fühlen konnten oder durften, wer der Vater für sie war. Erst ein Stück eigenes Leben führt auf eine innere Anhöhe, von der aus man erkennt, daß ein wichtiger Teil der seelischen Landschaft noch im Nebel liegt.

Diese zunächst private Suche nach dem Vater, oder der trauernde oder wütende Abschied von ihm, vollzieht sich in einer geschichtlichen Situation, die einen Teil des unbekannten Vaters vorfindet im Dritten Reich, vielmehr: *nicht vorfindet*, weil sich über die private Unerkennbarkeit oder emotionale Unzugänglichkeit ein überprivates Schweigen gelegt hat: das Schweigen über Schuld und Verstrickung im Dritten Reich. Und auch bei den Suchenden oder Anklagenden gibt es überprivate Haltungen: die Nachkriegsgeneration findet sich versehen mit moralischen Maßstäben, die die Untersuchung einfärben. Die Suche nach dem Vater wird also zu einer moralischen Unternehmung, und der Forschende findet sich zugleich in der Rolle des Anklägers oder Richters, kaum je in der des Anwalts. Damit wird ein Generationsproblem sichtbar, bei dem die private Vergegenwärtigung des Toten zugleich zum Tribunal wird, in dem seine Lebensgeschichte nach ethischen Kategorien abgehandelt wird, die wiederum eingebettet sind in eine kollektive Schuldvermutung, aber auch einem kollektiven Gefühl der Berechtigung zur Schuldzuweisung.

Aus der Fülle der Väterbücher greife ich Christoph Meckels *Suchbild* heraus, weil es explizit die Entdeckung des unbekannten Vaters im Dritten Reich beim unerwarteten Auftauchen der Kriegstagebücher zum Anlaß für das Schreiben nimmt. Alle angedeuteten Motive der Autoren von Väterbüchern sind in ihm enthalten, das bewußt dominierende ist aber das der politisch-moralischen Abrechnung. Daß es wuchtige Nebenmotive gibt, soll die Untersuchung zeigen.

Die erste Lektüre von Christoph Meckels *Suchbild* (1980) hinterließ vor wenigen Jahren nahezu uneingeschränkte Begeisterung. Ich ließ mich tragen von der radikalen Erforschung des immer noch irritierenden Vaterbildes. Der

Schwung der zornigen Enttäuschung schien mir mutig und plausibel bis zur letzten Zeile. Eine gründlichere Untersuchung dagegen hinterläßt Trauer. Ich konnte mich nicht mehr mit der oft ätzenden Verächtlichkeit identifizieren, und die Kluft zwischen der Wucht des Anstürmens gegen ein hohl gewordenes Denkmal und der möglichen, ganz anderen Wirklichkeit der dargestellten Person wurde immer größer. Handelt es sich wirklich um die Auseinandersetzung eines Sohnes mit seinem Vater im Dritten Reich, getragen von der neugierigen oder besorgten Frage nach dessen Identität, Selbstverständnis, nach seinen Kompromissen und seiner Schuld? Hat der Befragte dabei eine Chance, die inneren und äußeren Voraussetzungen seines Denkens und Handelns zu klären? Darf er zu seiner Verteidigung überhaupt etwas vorbringen? Oder sind die Fragen vielleicht so anklägerisch, so sehr von tiefem Verdacht getränkt, daß der Befragte sich verschließt, verschließen muß? Oder verschließt er sich ohnehin, aus Schuldgefühl, aus Scham, weil er verdrängen will, weil er auf Vergessen hofft? Wer zieht wen vor welches Gericht in Sachen Nationalsozialismus? Verwandt oder verschwägert zu sein mit einem Täter schließt im Strafrecht die Vereidigung des Zeugen aus. Der Sohn als Inquisitor und Ankläger: aus welcher Nähe oder Distanz schreibt er, welche Motive treiben ihn? Will er verstehen, oder sucht er nach einem Urteil, um seinen eigenen Platz in der Geschichte sicherer zu machen? Oder geht es weniger um Verstehen als um Erledigung, im doppelten Sinn des Wortes? Gar um die Opferung des Vaters, um zur eigenen Sprache zu finden? Meckel scheint sich des Problems bewußt, beläßt es aber bei dem knappen Hinweis:

»Während ich an ihn denke, wird er zum Thema. Die Sätze entfernen ihn in einen Wortlaut, der seine Erscheinung zugleich erhellt und verdunkelt.

Über einen Menschen schreiben bedeutet: das Tatsächliche seines

Lebens zu vernichten um der Tatsächlichkeit einer Sprache willen. Der Satzbau verlangt noch einmal den Tod des Gestorbenen. Ihn zu vernichten und zu erschaffen ist derselbe Arbeitsprozeß« (S. 80).

Damit, so erweist der Fortgang des Buches, ist nicht nur die Willkür der Subjektivität gemeint, sondern die buchstäbliche Vernichtung einer inneren Figur. Der kleine Satz in Klammern: »(unmöglich, darzustellen ohne Bewertung)« erscheint angesichts des Ergebnisses wie eine Verniedlichung des Manövers. Der Held der Geschichte, der Vater, ist von Anfang an ohne Chance. Er stirbt als der totale Verlierer, und der Leser bleibt am Ende zurück in der Gegenwart eines manchmal bitteren, manchmal traurigen, oft aber auch triumphierenden, der eigenen moralischen und künstlerischen Überlegenheit sicheren Autors, der nicht ganz frei scheint von Momenten peinlicher Selbstverklärung.

Dies führt sehr rasch zu der Frage nach dem politischen und moralischen Standort des Inquisitors. Offensichtlich hat der Vater auf Fragen kaum geantwortet. Mein Vater hat auch nicht geantwortet. Erst nach seinem Tod, als die Erinnerungsfotos verteilt wurden, entdeckte ich ein Bild von ihm in SA-Uniform. Es gab kein Klima für Fragen und Antworten. Von vielen Patienten wissen wir, daß die Väter, wenn es sie noch gab, nicht geantwortet haben. Das Schweigen der Väter in der Familie war lange ein öffentliches Thema: anklagend, unzufrieden, rechthaberisch. Liest man Meckels Buch gründlich genug und vertieft sich in die Haltung des Fragenden, so könnte das Schweigen plausibler werden. Der Verdacht und die Bereitschaft zum Vorwurf waren einfach zu groß, von Nachfahren, die voll waren mit der unverdaulichen Kehrseite der Geschichte. Wir, die Fragenden, wußten es ja von vornherein besser. Christa Wolf skizziert ihre Betroffenheit in dem Roman *Kindheitsmuster*, als sie, zur Zeit des großen Frankfurter

Auschwitz-Prozesses, mit Studenten zur Diskussion zusammentrifft (sie ist Jahrgang 1929 und betrachtete sich selbst als fragendes Kind):

»Und abends die Fragen der jungen Leute ... die sich in ihren spärlich möblierten Wohnungen über den Prozeßverlauf ereiferten: Sie schienen am Grund eurer Seele oder eures Gewissens ein schauerliches Geheimnis zu vermuten. Ihre Forderung nach der Auslieferung deines Geheimnisses traf dich unvorbereitet. Du warst daran gewöhnt, schauerliche Geheimnisse und das Unvermögen oder die Weigerung, sie mitzuteilen, bei den Älteren vorauszusetzen. Als ob die Pflicht, an die eigene Kindheit Hand anzulegen, dir erlassen werden könnte. Dabei rückt wie von selbst im Laufe der Jahre jenes Kinderland in den Schatten der Öfen von Auschwitz« (S. 231).

Auch Meckel erhielt keine Antwort:

»Ich habe meinen Vater oft gefragt, was die Dreißiger Jahre für ihn waren und wie er lebte, vor allem: was er und seine Freunde dachten, und keine besonders erhellende Antwort bekommen. Während Brecht, Döblin und Heinrich Mann emigrierten, Loerke und Barlach in Deutschland zu Tode erstickten, während Dix und Schlemmer in süddeutschen Dörfern untertauchten, Musiker, Wissenschaftler und Regisseure verschwanden, Kollegen diffamiert, verfolgt, verboten, Bücher verbrannt und Bilder beschlagnahmt wurden, schrieb er ruhige Verse in traditioneller Manier und baute ein Haus, in dem er alt werden wollte« (S. 28).

Die bittere Enttäuschung des Sohnes, der einen schriftstellernden Vater ohne jede politische Bedrängnis vor sich sieht, ist hier schon deutlich genug zu spüren. Aber Meckel hatte die Geschichte für abgeschlossen gehalten.

»Ich hatte nicht die Absicht, mich mit meinem Vater zu beschäftigen. Über ihn zu schreiben, erschien mir nicht nötig. Der Fall, ein Privatfall, war abgeschlossen ... Ich hätte vermutlich nicht länger an ihn gedacht ... Seit ich seine Kriegstagebücher las, kann ich den Fall nicht auf sich beruhen lassen; er ist nicht länger privat. Ich entdeckte die Notizen eines Menschen, den ich nicht kannte. Diesen Menschen zu kennen war nicht möglich, ihn für möglich zu halten – unzumutbar. Was ich von seiner NS-Zeit wußte, kannte ich nur aus dem, was er selber sagte. Das war die gereinigte Darstellung seiner Rolle, alles in allem ein unverfänglicher Wortlaut ... Der Mensch, den ich kannte oder zu kennen glaubte, war nur ein Teil jenes anderen, den keiner kannte. Nachdem ich den einen und den anderen kenne, fehlt eine Tagesordnung, zu der ich übergehn kann« (S. 63f.).

Die Nachtseite wird entdeckt, sie wirkt als Schock, und das Tribunal ist eröffnet. Meckel scheint einen Auftrag zu spüren. Er kann den Fall nicht mehr als privat ansehen. Ihm wächst eine Aufgabe zu, eine öffentliche. Nun wird er Ankläger und Richter in einem. Die Verteidigung fehlt fast völlig. Die Trauer, von der ich eingangs sprach, hängt nicht zuletzt damit zusammen, daß die selbstgewählte öffentliche Aufgabe dennoch mit höchst privaten Motiven arbeitet, kaum darüber hinauskommt und vor allem die Kriterien der Urteilsfindung nicht im geringsten reflektiert. Das Urteil wird nach privaten, nicht formulierten Kriterien gefällt, und vielleicht deshalb erscheint der Angeklagte immer wieder in einem so anderen Licht als in der Sicht des Klägers. Das Buch ist eine Privatabrechnung, aus privater Enttäuschung des Klägers.

Die Trauer, die das Buch hinterläßt, entstammt vermutlich folgender Konstellation: der über vierzigjährige Sohn hatte sich achselzuckend abgefunden mit einem Vater, den er zuletzt als fast bemitleidenswerte Figur erlebte: ein hirnverletzter Heimgekehrter, dem es nur schwer gelang, sich neu zurechtzufinden, der eine Vaterrolle einnehmen wollte, für die nur geringer Bedarf vorhanden war. Immerhin erreicht der Vater noch einmal die Position einer angesehenen öffentlichen Person: er wird Feuilletonist, Kritiker, Anreger und Förderer des kulturellen Lebens, und zwar in Freiburg. Zur Provokation für den Sohn wird die Betonung seiner Rechtschaffenheit, der Anerkennung kollektiver Schuld bei gleichzeitiger Hervorkehrung persönlicher Untadeligkeit. Es wird schwer aufzuhellen sein, ob des Vaters Betonung der persönlichen Rechtschaffenheit eine Antwort ist auf innere oder äußere Anklagen. Wohl keiner, der sich verstrickt hatte und mit seinem Gewissen im Streit lag, hat bei Heimkehr und innerer Aufarbeitung der NS-Vergangenheit eine Situation vorgefunden, die ihm ermöglicht hätte, sich zu öffnen und die Umstände seiner Verstrickung in wohlwollender Atmosphäre zu überdenken. Vereinfacht gesagt: es hat kaum einer die Atmosphäre der Beichte oder gar die der Psychotherapie vorgefunden. Die alliierte Reedukation war getragen von moralischer Anklage sich überlegen fühlender Sieger, die an der Klärung der Voraussetzungen nicht tiefergehend interessiert waren. Die Ehefrauen, so möchte ich vereinfachend annehmen, gaben zwangsläufig eher Hilfestellung beim Vergessen, bei der allmählichen Stilisierung, beim unbehelligten Neuanfang, beim Verbinden der Wunden, der allmählichen Milderung der Alpträume, beim Neubeginn ohne allzu mühselige Überprüfung des Gewissens. Die Mehrzahl der wartenden Frauen war nicht vorbereitet auf Gespräche, die eine das Erleben der Jahre von Krieg, Zusammenbruch und Gefangenschaft einschließende Orientierung, eine Verbindung von vergangener und neu zu bildender Identität gefördert hätte. Wiederaufbau unter Einschluß des privaten Identitätsbruchs lag viel näher. Daß es heute für die Vietnam-Veteranen und deren Familien in den USA Therapie- und Selbsthilfegruppen gibt zur privaten und öffentlichen Wiedereingliederung, läßt ermessen, was damals an möglicher Hilfestellung gefehlt hat.

Und dann kamen die Fragen der Kinder. Es waren in der Regel nicht Fragen unschuldig Interessierter, sondern es waren eher Fragen der Inquisition der einen Generation durch die andere. Selbst wenn es unvoreingenommene Fragen waren, konnten sie rasch vergiftet sein durch inquisitorische Aspekte der öffentlichen Aufarbeitung der Vergangenheit. An deren Notwendigkeit und Struktur soll hier gar nicht gerüttelt werden. Bei moralischen Katastrophen diesen Ausmaßes geht es vielleicht nie ab ohne Bruch, Anklage, Distanzierung und die Überzeugung von der größeren Gerechtigkeit und der moralischen Überlegenheit der Nicht-Verstrickten. Es geht hier mehr um das, was im privaten Kreis durch ein vielleicht notwendiges öffentliches Klima unmöglich geworden ist und zu neuen, unzähligen Tragödien der Entfremdung und der Sprachlosigkeit geführt hat. Um trauern zu können, hätten die schuldig Gewordenen erst einmal beichten oder sich aussprechen können müssen. Und Söhne und Töchter, die in der Schule den Nationalsozialismus durchnehmen oder ihn auch, wie die heute Vierzigjährigen, verschwiegen bekamen, die ihn aber ebenfalls eher als das global Schreckliche nacherleben, und zwar aus der Kenntnis des Endes und der grauenhaften Kehrseite, sind keine Gesprächspartner, die bei den Vätern das allmähliche Auftauchen, Erwägen und Benennen von Schuld ertragen oder fördern konnten. Denn noch schwerer als über Fakten zu sprechen fällt es oft, die den eigenen Haltungen und Handlungen zugrundeliegenden Ideale freizulegen. Wenn sie sich als Irrtümer erwiesen, wird es noch viel schwerer. Vor mißbrauchten Idealen, oder solchen, die für den inneren Umgang mit dem Faschismus so grob unzureichend waren, liegt viel Scham. Und Kopfschütteln über vergangene Ideale, die sich als untauglich erwiesen haben, ist schwer erträglich, vor allem, wenn sie, nicht nur in Taten, von vornherein im Licht von Absonderlichkeit und Schuld erscheinen. Auch hier hat Christa Wolf mit der Gestalt der 16jährigen Tochter Lenka und ihrer befremdeten Verächtlichkeit, und Christa Wolfs eigener Angst vor Lenkas Kopfschütteln und unwilligem Verstummen, viel Licht in die Familienatmosphäre mißlingender Verständigung gebracht.

Christoph Meckel jedenfalls holt mit über vierzig Jahren etwas nach, Anklage, Wut, Enttäuschung und den Versuch der Einfühlung. Schon daß es nachgeholt werden muß, daß es sich fast in der Form literarischer Leichenfledderei vollzieht und sich immer noch als quasi öffentlicher Auftrag verstehen muß, ist ein Teil der Tragödie der Stummheit zwischen Vätern und Kindern. So vermischt sich, mit 20 Jahren Verspätung, die nachgeholte emotionale Explosion mit dem Versuch, das Mißglückte aus erfolgreicher Lebensmitte heraus zu verstehen.

Als Grund der maßlosen Enttäuschung am Vater betrachte ich Brüche einer nie überwundenen oder mit der Realität verknüpften Idealisierung des frühen Vaters, der quasi als reines Kinderidol am Himmel der Erinnerung fortbesteht, als der Vater des knapp Fünfjährigen eingezogen wird. Sein Bild muß sich in den ersten Kriegsjahren weiter verklärt haben; kurze Urlaube des Vaters, der zum Offizier avancierte, mögen das Bild des integeren Helden weiter erhärtet haben. Er wird auch noch ein Held geblieben sein, als er zunächst verschollen war und später aus der Gefangenschaft in der französisch-algerischen Wüste erste Lebenszeichen geben konnte. Acht Jahre der unbefragten Idealisierung bei gleichzeitiger achtjähriger Vaterlosigkeit in Krieg, Zusammenbruch, Flucht, Kampf ums Überleben als Erstgeborener bei der Mutter bis hin zu beginnender Pubertät sind eine lange Vorzeit für spätere wechselseitige Verkennung. Der Privatfall der Enttäuschung am Vater wird vom Sohn zunächst privat abgehandelt: durch Flucht, Auflehnung, Mitleid und eigene Wendung zu Kunst und Schriftstellerei. Dabei blieb im Hintergrund das vom Vater entworfene Legendenbild des Denkens und Handelns im Dritten Reich unbefragt, sozusagen ein unberührter letzter Vorratskeller möglicher Idealisierung oder wenigstens unerschütterten Stolzes. Als nun die Legende bröckelt, die letzte Bastion ruhiger, wenn auch ungeprüfter und sanft bezweifelter Anerkennung wankt bei der Auffindung der Kriegstagebücher, setzt der Sturm der Enttäuschung, der über lange Jahre hindurch längst ausgetragen schien, mit ungeahnter Heftigkeit noch einmal ein und zieht, unter dem Vorwand der Auseinandersetzung mit dem Vater im Dritten Reich, erneut die gesamte Beziehung in seinen Bann, entwertet alles und hinterläßt den totalen Scherbenhaufen.

Die Maßstäbe des Verstehens von Biographien von Künstlern im Dritten Reich hatten sich inzwischen in einem Klima der Scheidung von Gut und Böse jenseits der Auseinandersetzung mit dem eigenen Vater ausgebildet. Zu den inneren Leitbildern wurden Schriftsteller, die emigriert waren, die verfolgt wurden, die verstummten oder wenigstens verzweifelt waren, die spürbar litten unter dem Nationalsozialismus. Meckel und viele andere waren naiv und mit der entsprechenden moralischen Selbstgewißheit identifiziert mit den Helden des Widerstandes, mindestens der leidvollen Abgrenzung. Prüfungen ähnlicher Härte sind *uns* ja, als Generation, erspart geblieben, so daß uns auch Maßstäbe fehlen für die eigene mögliche Haltung.

Meckel schreibt über seinen Vater so, als sei er sich seiner Maßstäbe und seines möglichen eigenen Verhaltens unter vergleichbaren Bedingungen vollkommen sicher und hätte also von Anfang an ein Recht auf nahezu ungehemmte Mißbilligung und Verachtung, und das, obwohl die moralischen Anforderungen an unsere Generation bislang fast nie den Rahmen des Privaten gesprengt haben. Dies ist ohne eine Regression auf eine pubertäre Wut überhaupt nicht zu verstehen. Selbstzweifel sind selten, und die Überprüfung seiner eigenen moralischen Kräfte verlangt Meckel sich nicht ab. Es bleibt also unbedacht der eigene moralische und zeitgeschichtliche Standpunkt, und ebenso wenig reflektiert erscheinen die moralischen Möglichkeiten und Grenzen des Vaters: die ohnehin schon vorhandene Verachtung des Vaters spült nun die letzte Insel möglicher Anerkennung in die Fluten der Entwertung. Der unreflektierten Position dessen, der aktive Auflehnung, Widerstand, Selbstgefährdung, politische Sensibilität und Verzicht auf private oder apolitisch-literarische Ideale für selbstverständlich hält, ja, dem das Überleben ohne Verfolgung angesichts unseres besseren Wissens *danach* schon suspekt erscheint, gerät selbst die innere Distanz, die dem Vater aus seinen sicher unreflektierten Traditionen heraus noch möglich war, zu verächtlichem Versagen. Wohlgemerkt geht es mir nicht um eine Ehrenrettung von Meckels Vater, der sicher nicht das war, was wir einen Helden der Auflehnung nennen würden, sondern eher um den Nachweis der Tatsache, daß der Vater in diesem »Suchbild« kaum Chancen hat, eine erträgliche Figur abzugeben. Das Tragische dabei ist, daß Meckel, ohne es zu merken, in die Nähe eben jener Selbstgerechtigkeit gerät, die er als das provozierend Unzugängliche, die nicht befragbare Fluchtburg dem Vater vorhält und unter der eben dieser Vater bei seinem eigenen Vater, also dem Großvater, fast zugrundegegangen wäre. Das Buch ist durchzogen von einer Familientradition von Idealisierung und Entwertung, die allerdings ihre Maßstäbe nicht preisgibt.

Dabei geraten bereits die frühen Motive des Vaters ins Zwielicht, nämlich der Wunsch, mit der eigenen literarischen Produktion der Welt der Politik zu entgehen. »Er stand mit dieser Haltung nicht allein. Allerlei Literaten seiner Generation ... lebten erstaunlich zeitfremd weiter. Man kapselt sich in Naturgedichten ab, verkroch sich in die Jahreszeiten, im Ewigen, Immergültigen, Überzeitlichen, ...« (S. 29). Meckel läßt nicht den geringsten Zweifel daran, daß er dies bereits in den frühen dreißiger Jahren einer Art moralischer Lebensführungsschuld zurechnet.

»Mein Vater lebte unbehelligt im Dritten Reich, lebte blind in die kürzer werdende Zukunft, betonte Widerwillen, Verachtung, Stolz und vertraute machtlos auf die Macht des Geistes. Alles weitere überließ er dem Schicksal« (S. 30). Oder noch vorwurfsvoller und suggerierend, alles Spätere sei bereits voll im Bewußtsein eines idealistisch-national denkenden Dreißigjährigen gewesen: »Die Naturlyrik richtete sich in der Laubhütte ein, aber die Laubhütte stand auf eisernem Boden und war von Mauern und Stacheldraht umgeben« (S. 31). Daß hier einer, wie sehr sehr viele, mit Scheuklappen herumlief, verkehrt sich für den Zurückschauenden von vornherein zum Verächtlichen, Bösen. Er verzeiht dem Vater auch nicht, daß seine Immunität gegen den Nationalsozialismus, seine Weigerung, in die Partei einzutreten, von ästhetischen, kulturbürgerlichen Kriterien getragen war. So heißt es in den Tagebüchern des Vaters am 26. 9. 1938: »Hitlers Rede gehört. Erschüttert von der unwürdigen Atmosphäre, von der säbelrasselnden Art des Worts« (S. 41).

Nur fünf Monate später klingt es zwar anders: »Abends die Hitlerrede im Rundfunk gehört, gut, vielseitig und kraftvoll« (S. 41). Trotzdem bleibt er nach Kriegsbeginn und schnellem Triumph in Polen dabei: »Niedergeschlagener Tag. Der Entschluß, nichts, kein Wort, keine Zeile zu schreiben, was aus diesem Krieg Nutzen zieht oder ihm dient« (S. 42).

Keine Heldentat, ein privater Tagebucheintrag, aber doch nicht ohne moralische Haltung, ohne spürbaren Kampf gegen eine mögliche innere Versuchung der Anpassung, der Einstimmung in den Taumel der Mehrheit. Was für den Sohn gezählt hätte, war Widerstand, doch der Vater brachte es nur zu folgender Haltung: »Hitler war ein Skandal für das Vaterland, Popanz, lärmender Falschgeist, der Deutschen nicht würdig ... Die ganze braune Richtung war viel zu geistlos, als daß er sich ernsthaft mit ihr beschäftigt hätte ... Wer von den Freunden in die Partei eintrat, wurde durch Gelächter veranlaßt, wieder auszutreten« (S. 45 f.).

Noch schmerzhafter für den der Idealisierung beraubten Sohn: »Wer trotzdem Parteimitglied blieb, saß noch mit am Tisch. Er war von NS-Literaten umgeben und schien keinen Wert auf genaue Distanz zu legen« (S. 46).

Der moralische Rigorismus verlangt hier die rasche Kündigung von Freundschaften und Gruppenzugehörigkeiten aus politischen Gründen. Wo der Sohn sich Kampf wünscht, genügt auch das folgende nicht: »Er wies die erwünschte Mitarbeit an der *Kulturpropaganda* der NSDAP zurück. *Reichsschrifttumskammer* war keine Verführung für ihn« (S. 47). Wo der Vater widersteht, ist es nicht Verdienst, sondern eine Art von amoralisch-ästhetischer Immunität. Meckels Fixierung auf den idealisierbaren Widerstandskämpfer ist so stark, daß er auch die folgenden Sätze, unerschüttert in seinem Urteil, niederschreiben kann:

»Es gab in Schöneiche einen Blockwart, der ihn beobachtete, einer von der SS. Hinter geschlossenen Läden, mit Freunden, nachts, hörte er die Nachrichten ausländischer Sender. Das alles änderte nichts an seiner Haltung.

Elitäre Versteifung schützte sein Gewissen« (S. 48).

Nicht ohne Neid lese ich diese Fragmente eines väterlichen NEIN, des Versuchs, trotz unzulänglicher moralischer und politischer Ausstattung ein Mindestmaß von Abgrenzung durchzuhalten. Vielleicht weil die Fähigkeit meines eigenen Vaters zu einem Nein ungleich begrenzter war, kann ich die ungemilderte Verachtung des Sohnes hier nicht teilen. Aber die Hauptthese dieses Textes heißt ja: sie, des Vaters Verachtung, beruht auf einer Verurteilung, die den konkreten politischen Taten und Gedanken vorausgeht und aus ganz anderen Quellen stammt.

Wenn man aber überhaupt Vergleiche mit den moralischen Anforderungen der Gegenwart ziehen will, so drängt sich etwa die Frage auf: welche Art der Beschaffung von Informationen gliche im Grad des Risikos und der öffentlichen Verwerflichkeit der des Abhörens von Feindsendern? Unter Adenauer das *Neue Deutschland* zu abonnieren, galt eher als Skurrilität. Aber regelmäßige Reisen in die DDR, verbunden mit dem Versuch, sie geheimzuhalten, scheinen mir als Vergleich angemessener.

Meckel nimmt es dem Vater übel, daß er, mit fortschreitendem Krieg, immer weniger zwischen Nationalsozialismus und Vaterland unterscheidet, daß der Soldat sich mit diesem Vaterland und einem Deutschtum identifiziert, das sich zwar immer mehr auf ein kulturelles Herrenmenschentum zubewegt, aber immer noch Distanz hält zu der politischen Führung. Zugegeben, es gibt unwürdige, opportunistische Eintragungen, so etwa der Vermerk über die Belobigung für einen Schulungsvortrag über den Bolschewismus vor Offiziersanwärtern. Zugegeben, daß es, liest man es unvorbereitet und mit dem aufgeklärten Bewußtsein der späten siebziger Jahre, seltsam klingt, wenn der Vater schreibt: »Im Wehrmachtsbericht die Räumung Palermos – und dort sind Staufengräber, vor denen nun die Engländer und Amerikaner stehn. Schwer erträglicher Gedanke« (S. 61). Aber als ich 1955 ein Schülerstipendium für die Vereinigten Staaten beantragte, riet mir mein Klassenlehrer davon ab mit der Frage, was denn in mich gefahren sei, daß ich plötzlich zu den Kulturzigeunern wollte.

Meckels Vater scheint sich an Formen der Gewissensberuhigung gehalten zu haben, die uns Umerzogenen oder aus eigener Beschäftigung mit der Geschichte besser Informierten fast idyllisch anmuten. Es geht um die Schrecken in Polen, von denen der Vater hört oder deren Augenzeuge er wird: »Als Soldat ist man doch fern all dieser Dinge, die einen im Grunde auch gar nicht interessieren; man steht für ein ganz anderes Deutschland draußen und will später im Kriege sich nicht bereichert haben, sondern ein sauberes Empfinden besitzen. Ich habe nur Verachtung für diesen zivilen Unrat« (S. 62). Das ist eine Spaltung des Bewußtseins und ein Rückzug auf eine Teilidentität. Sie kann rückblickend diagnostiziert und für unzureichend erklärt, der Verachtung preisgegeben werden. Immerhin scheint es, als hätte sich diese Haltung auch auf des Vaters Verhalten ausgewirkt, eine tägliche Anstrengung der Selbstdisziplin, neben der deutlicher werdenden Anpassung an das Kriegsgeschehen und die nationalsozialistischen Völkerstereotypen von den ostdeutschen Untermenschen. Daß der Vater Soldat wurde und sich zunehmend damit identifizierte, ist für Meckel schon fast nicht mehr faßbar. Der Ton wird immer geringschätziger, das Bemühen um Verstehen versandet: »Er verlangte sich Haltung ab, in jedem Fall, und verlegte Verzweiflungsanfälle in die Nacht« (S. 66).

Kameradschaft wird »zur internen Ideologie ... sie gab dem trostlosen Drill eine sinnvolle Färbung. Sie verabreichte Trost und salbte Männergefühle. Er bestärkte die andern im Erfüllen der Pflicht« (S. 66). Oder:

»Auf dem Schießplatz bewährte er sich als glänzender Schütze. SCHULJUNGENHAFTES VERGNÜGEN an Schießerei, an Rekordaussicht und sportlichem Vergleich. Die Bedeutung des Trainings (Tötung, Vernichtung des Feindes) schien dem Romantiker nicht bewußt zu sein. Er wurde vom Hauptmann gelobt und freute sich« (S. 66).

Es ist für Meckel einfach unerträglich, daß der Vater sich getäuscht hat, getäuscht wurde und nicht aus eigener Kraft zum Widerstand und zu politischer Analyse fand: »Der Glaube an die Rechtmäßigkeit des Krieges, das unbedingte Vertrauen in Autorität, das auf Prinzipien reduzierte Denken schmolz jede ambivalente Empfindung ein. Ihm fehlte in allem das elementare Entsetzen, weil ihm die Einsicht in den Zusammenhang fehlte« (S. 69). Entgegen einer ganzen Reihe anderslautender Zitate aus den Tagebüchern stilisiert Meckel den Vater immer mehr zum moralischen Dummkopf, der zu besserem Wissen aus erbarmungslos aufgewiesener Schwäche nicht fähig war. »Er sang und marschierte konform mit dem Deutschen Reich (durchaus nicht mit Hitler, SS und NS-Partei), er bejahte die gewaltsame Expansion. Er glaubte an den Triumph der deutschen Idee und empfand den Rückzug (das ABBRÖCKELN wie er es nannte) als schmerzlichen Verlust für sich und die Heimat« (S. 71f.).

Ich glaube, es gehörte eine andere Form von Bewußtseinsspaltung dazu, einem mit dem Reich identifizierten Soldaten der kämpfenden Truppe abzuverlangen, daß er den Zusammenbruch der Front als willkommenes Zeichen des Neubeginns begrüßt. *Wir* sind schon während unserer Erziehung moralisch zur Identifikation mit der Seite der Sieger gedrängt worden, ich bin mit dieser Identifizierung zufrieden. Aber diese Identifizierung schon während des Krieges zu fordern, wäre vermutlich den allermeisten, auch unter den Widerstandskämpfern, absurd erschienen.

Meckel schreibt weiter: »Er war vielleicht kein Menschenverächter, aber er sah jetzt Polacken überall, elende Weiber und renitentes Gesindel. Er war vermutlich kein Antisemit, aber er sah die Beseitigung der Juden als Schicksal, Tragödie und für den einzelnen furchtbar, im ganzen aber als unabänderlich an. Er sah den erschossenen Feind ohne jedes Interesse. Der geschlachtete Partisan ließ ihn friedlich träumen« (S. 73).

Es mag weh tun, wenn der gebildete Vater die offiziellen kollektiven Vorurteile teilt und mit dem Fortschreiten des Krieges die Identifikationen primitiver, das Weltbild einfarbiger wird. Trotzdem erwartet man von jemandem, der verstehen will, Fragen: über das Ausmaß des Drucks, über den inneren Spielraum, über die Denkbarkeit von Alternativen des Fühlens und Verhaltens. Man erwartet die Chance zum Gegenargument, zum Heraustreten-Dürfen des Angeklagten aus dem Dauerklima der Verächtlichkeit. Die Bilanz: ein schwächlicher, schöngeistiger Versager mit dem Etikett »Er funktionierte über das Maß hinaus«, das, leicht perfide, in seiner inhaltlichen Bedeutung so leer gehalten wird, daß es sich mühelos mit jenem anderen, viel schrecklicheren Begriff des Exzeßtäters verbinden läßt.

Das politische Engagement des Vaters *nach* dem Krieg wird schon in seinen Motiven verdächtigt. Zwar heißt es: »Er äußerte Abscheu über die deutschen Verbrechen« (S. 128), doch wird ohne Beleg suggeriert, er sei beteiligt gewesen. Zwar heißt es: »Er spendete Geld für weltweite Hilfsaktionen, für humane, soziale und politische Zwecke. Er unterstützte die lokale SPD. Er trat bei Bürgerversammlungen auf, setzte sich gegen die Notstandsgesetze ein, machte sich kritisch in öffentlichen Diskussionen bemerkbar – und das war alles richtig« (S. 128). Aber vergeblich: es ist Gewissensberuhigung. »Ein sonderbar ruheloser Nachdruck beschwerte die Richtigkeit dessen, was er machte. Er hatte Belastungen abzuarbeiten. Er sammelte Punkte« (S. 129). Selbst wenn dies so wäre: darf es keine Wiedergutmachung geben, kein Handeln aus Sorge, die Verhältnisse, oder man selbst, könnten noch einmal so werden, daß man sich schämen müsse? Vor dem durchschauenden Auge des Sohnes hält nichts mehr stand, denn alles ist jetzt nur noch »Punktsieg-Strategie seines trüben Gewissens« (S. 130), das im wesentlichen mit Verdrängung beschäftigt ist.

Je mehr man sich in den Text vertieft, desto eher neigt man dazu, den Vater in Schutz zu nehmen, so daß wiederum, und man merkt es beklommen, das eigene Gefühl für die gleichschwebende Aufmerksamkeit verloren geht, für den Wunsch nach Gerechtigkeit für beide Seiten. Versucht man an der Selbstgerechtigkeit des Sohnes zu ermessen, was ein autoritärer Vater, der sich nicht in die Karten schauen lassen wollte, an solcher Selbstgerechtigkeit dargestellt haben mag, dann wird der Ton der vernichtenden Anklage wieder eher verständlich, weil beim Vater ein Moment der Dauerlüge ins Spiel kommt, und als Sohn dauernd belogen werden macht bösartig. Man kann aber auch als Vater, der das drohende Zerbrechen eines idealisierten Bildes ahnt, zurückhaltend und defensiv werden, weil der Groll des Sohnes im Grunde nur mit demütigender Selbstbezichtigung vor dem triumphierend Wissenden zu beschwichtigen wäre.

Meine Hauptthese lautet: Meckels Beschäftigung mit dem Vater im Dritten Reich ist eingebettet in eine Totalabrechnung mit der ganzen Gestalt, die am ehesten mit dem peinigenden Schmerz einer Entidealisierung zu erklären ist, die nicht im Dialog sich vollzieht, sondern angesichts zunehmender Unwahrhaftigkeit in der Familie und einer Abschirmung des Vaters hinter der Betonung von Untadeligkeit.

Das Ausmaß der frühen Idealisierung läßt sich nur ahnen. Eine Autofahrt mit dem Vater vermittelt ein »Gefühl von Sicherheit und blindem Vertrauen, eine wunderbare Gewißheit in seiner Nähe« (S. 9). »Er liebte Kinder und vergötterte das eigene. Solange das Kind noch unschuldig war, bevor die Erziehungsmaßnahmen einsetzten ... war er ein Vater ohne Vergleich, Spielmeister, großer Bruder, Vertrauter und Freund. Er war die Zuversicht, der Fels und der Fixstern, er war die unumstößliche Mitte des Kindseins. Seine Art, die Erscheinungen der Welt zu vermitteln, verzauberten das Kind und machten es reich« (S. 49). ... »Das Kind hing am Vater und glaubte noch lange an ihn« (S. 50). Noch vom jugendlichen Sohn heißt es: «... ich war überzeugt, einen unbezweifelbaren Vater zu haben« (S. 129). Der Traum von der Erhaltung des Bildes kommt bei der Niederschrift der Anklage noch einmal hoch: »Der Wunsch nach Erinnerungen, die es nicht gibt, und der Wunsch nach Gesprächen, die nicht geführt wurden. Die Vorstellung, Gedichte von ihm zu entdecken, die sein Dasein in den Schatten stellen« (S. 131).

Und doch erfolgt früh, kurz vor der langen, langen Trennung, schon eine entsetzliche, vielleicht nie ausgeheilte Beschädigung des Bildes: zehn Tage lang wird der Vierjährige mit Stockschlägen auf die Hand für das Mitnehmen eines Ringes bei Freunden bestraft. Von da an bleibt in der Tiefe das Bild eines Unholdes in freundlicher Maske, der im Auftrag eines Prinzips erbarmungslos straft und dabei zwar leidet, sich aber gerecht und untadelig vorkommt. Doch dann ist der in Krieg und Gefangenschaft abwesende Vater wieder eine Idealgestalt, der abwesende Held in einer schwierigen Situation des Überlebens. Als seine Rückkehr wahrscheinlich wird, heißt es:

»Die Freude auf meinen Vater war grenzenlos. Erinnerung an die frühe Kinderzeit schien mein Bild von ihm vergoldet zu haben. Ich flog zu ihm in das vergoldete Bild. Nach ein paar Monaten war die Verklärung weg. Die Entzauberung war gründlich, verstörend am Anfang, dann endlos grau. Der Halbgott des Kinderglaubens war ein nervöser Mann, Erzieher mit Nachholbedarf an Autorität« (S. 110). ...

»Er war nicht länger Zauberer oder Freund. Bedrückend stand er zwischen dem Kind und der Welt, ein verbissener, gequälter und quälender Vorschriftsmensch, der die Gegenwart seines Kindes mißbrauchte, um sich selber ins Recht zu setzen. ... Zum ersten Mal empfand ich Mitleid mit ihm ... Ich ging, als Kind, nicht mehr zu ihm hin« (S. 111). ...

»Die Rücksicht auf ihn wurde zur Familienkrankheit« (S. 112). ... »Die Jahre taumelten auf unterirdischer Ballung von Ungesagtem. ... Das offene Wort gegen ihn hatte einen Herzanfall zur Folge. Die Herzanfälle mußten vermieden werden« (S. 112f.). ...

»Der Rest war Enge, Enttäuschung und Überdruß. *Familie* wurde zur gewöhnlichen Last und mein Vater zu einem, der nicht mehr in Frage kam« (S. 114).

Die Enttäuschung des 12jährigen Sohnes und später des Jugendlichen bilden den emotionalen Kernpunkt der Abrechnung. Sie führen zum Dauerton der Entwertung, der fast hämischen Demontage eines Ideals, das keines mehr war und dessen Rolle, mit autoritärer Rechthaberei drapiert, der Vater weiterspielen wollte. Ich möchte einige

Beispiele dieser bitteren Geringschätzung anführen, zuvor aber darauf aufmerksam machen, daß es zwischen beginnender Einfühlung in das Lebensschicksal des Vaters und der Enttäuschung über ihn nicht zu einer verstehenden oder gar verzeihenden Verbindung gekommen ist. Der Sohn weiß im Grunde, mit welchen Belastungen der Vater sich herumschlägt. Schon früh heißt es über die Auswirkungen des Großvaters:

»Mein Vater war ein ausgespucktes Kind ... Der Misanthrop (Großvater, T.M.) zerbrach die Natur der Kinder. Seiner Mißachtung entkam kein Mensch, es sei denn als Opfer. Mein Vater litt unter chronischer Lieblosigkeit und stotterte früh. Was immer er tat, seinen Vater zu überzeugen, wurde knapp und kalt mit Verachtung belegt. Zeitlebens warb er um ihn und erhielt kein Echo ... Geschlagen kroch er aus dem Loch seiner Kindheit« (S. 21ff.).

Ein schrecklicher Wiederholungszwang in einer Familientradition der Entwertung führt dazu, daß der Sohn fast nahtlos in die Rolle des unerbittlich urteilenden Großvaters mit seinen unerfüllbaren Idealen rückt, um den der Vater zuletzt vergeblich und bis zur Selbstaufgabe wirbt und doch nur Hohn erntet. Doch diese Identifikation mit dem erbarmungslosen Großvater hat ebenso ihre Ursachen in schmerzlicher Demütigung durch den geschundenen Vater: Über den Großvater heißt es: »die Erziehungsformel für seine Kinder hieß: du bist nichts, du kannst nichts, mach deine Schulaufgaben. Sie kehrte wörtlich bei meinem Vater wieder, als er meine ersten Gedichte las« (S. 23).

Unschwer ahnt man, daß der Vater lebenslänglich und mit einer gewissen Tapferkeit eine immer drohende Depression bekämpfte. Aber selbst wo Meckel in die Nähe eines mitfühlenden Verstehens gerät, behält die ätzende Enttäuschung die Oberhand. »Trostbedürfnis (war) ein schwacher Punkt seines Wesens ... Trostbedürfnis – vielleicht die Folge einer irrationalen und grundsätzlichen Kapitulation –

war eine trübe Wärme und stieß mich ab« (S. 19). Noch schärfer klingt es gegen Ende des Buches über die Freudlosigkeit des Vaters: »Der defizitäre Bodensatz seines Wesens forderte, ständig gespannt, die Bestätigung seiner Person« (S. 131).

Immer wieder berührt der Sohn die Grenze der Einfühlung und nähert sich der erlösenden Frage Parzifals nach dem Leiden des anderen. Was Politik, Krieg und Gefangenschaft mit am Vater beschädigt haben, welche Lebenswunden sie vertieften, bleibt bewußtseinsnah, aber es wird selten zum Gefühl. Emotional wichtig ist das Versagen des Vaters. Mildernde Umstände werden erwähnt, aber der Abgrenzungshaß, die Angst, selbst von der Wesensart des Vaters gezeichnet zu sein, verlangt die moralische Vernichtung. Da Meckel diesen Grundzug der Erbarmungslosigkeit kennt, nennt er sich selbst einmal ein »unschuldiges Raubtier« im schwächlichen Gehege des Vaters. Im Grunde führt er einen Kampf gegen fortbestehende und an vielen Stellen ganz manifeste Identifikationen mit dem Vater, und gerade deshalb muß er ihm sein Scheitern nachweisen bis zum Schluß: »Er war schon immer ein Mensch gewesen, der auf abbruchreifen Fundamenten baute – jetzt wurde die Verspätung zu einem Fall von Versagen« (S. 168f.) Oder: »Das Chamäleon saß lebendig auf demselben Fleck, weil es nur eine Farbe besaß« (S. 175), Oder: »HEIMAT – das war die Fetteinreibung gegen den Weltfrost ... Behagliche Feste Burg gegen Abbruch, Wahnsinn, Nihilismus und Zweifel« (S. 174). Meckel muß den Vater nicht nur als politischen Menschen und als Vaterfigur erledigen. Er besteht auch darauf, über des Vaters literarische Leistung, dessen Grenzen diesem bewußt zu sein schienen, ein abschließendes Urteil zu fällen: »Es gibt in seiner Arbeit keinen Gedanken, keine Vorstellung und keine Idee von Welt oder Menschsein, die über herkömmliche Begriffe wie Heimat, Vaterland, Ehre, Frau und Kind und die Vergänglichkeit alles

Irdischen hinausreicht« (S. 167).

Trotzdem: Meckel ist Schriftsteller geworden, und seine Selbsteinschätzung ist geprägt von dem Maß, in dem er den Vater hinter sich gelassen hat. Wie tief er den Vater als Kind, und wahrscheinlich heimlich noch als Jugendlicher, verehrt hat, zeigt sich gerade an der Technik seiner Entwertung als Schriftsteller: Er muß ihn neben die ganz Großen halten, um sein Schrumpfen mit bitterem Triumph auszukosten. Man muß sich das Groteske der Situation vor Augen halten: der kränkliche, durch seine Hirnverletzung behinderte Vater sitzt in der kleinen Wohnung am Schreibtisch und quält sich zum Broterwerb Rezensionen und Feuilletons für die *Badische Zeitung* ab. Der erbitterte Sohn aber setzt ihn neben die Größen der Weltliteratur, um das frühe Denkmal zu stürzen und Nahrung für das Ausmaß seiner Verachtung zu finden:

»Er hockte, vernebelt von Nachdenklichkeit, im Zustand nervösen Brütens da, in halb geschriebene Sätze horchend, Gedanken gleichsam erhorchend, ein Thema durchgrübelnd. Denken ohne Schreiben war nicht sein Fall ... Das Denken Diderots geschah dialogisch und laut ... Das Denken Leopardis war tragische Monologie. Stendhal diktierte die *Chartreuse de Parme* in sieben Wochen, seinen vorausgedachten Text übersetzend. Flaubert schrieb die *Madame Bovary* in fünf Jahren, Prosa zusammenschuftend, Wort für Wort ... Mein Vater gehörte zum Typ des KOPFARBEITERS, der schwerbehaglich und ordnend dachte« (S. 120).

Wie leicht, die honorig erscheinende Lebensleistung des Vaters neben diesen Gestalten als unbedeutend und gar als lächerlich erscheinen zu lassen. Da er aber gegen Ende des Buches noch immer nicht völlig erledigt erscheint, wird er, bei der Frage nach dem Glück, noch einmal neben andere Größen gestellt:

»Auf die Frage nach seiner Idee vom Glück ... würde mein Vater vielleicht geantwortet haben: Beweglichkeit im Umkreis der Landschaft, unbezweifelt im Kreis der Familie, arbeiten, lange leben und ruhig sterben. Anton Tschechow würde geantwortet haben: GLÜCK sei zu wenig, es sei trivial, es müsse Vernünftigeres für den Menschen geben. Die Antwort Frank Wedekinds auf diese Frage: SEINEN ANLAGEN GEMÄSS VERBRAUCHT ZU WERDEN ... Er wurde von einer erstickten Kindheit verbraucht, von unauflösbaren Ängsten und massiver Verdrängung« (S. 175f.).

An keiner Stelle wird gefragt, was der Vater hätte sein können ohne die politische und militärische Katastrophe, Depression, Gefangenschaft und Hirnverletzung. Obwohl der Vater als erledigt gilt, wächst beim Leser langsam auch Anerkennung für seine tapfere Leidensgestalt, die freilich spürbar unbekömmlich, ja niederdrückend war für einen Sohn auf der Suche nach dem lange vermißten Ideal. Man scheut sich fast, das platt klingende Schema des ödipalen Konflikts überhaupt zu erwähnen. Aber die Scheu hat mit dem Bilderbuchcharakter des Falles zu tun. Ich sprach anfangs von der Trauer, die das Buch hinterläßt. Sie rührt nicht zuletzt daher, daß man zusieht, wie blind hier zwei beinahe Wissende verstrickt sind in den uralten, mit mörderischen Mitteln ausgefochtenen Konflikt, der sich ständig neu und bis zur Unkenntlichkeit für die Handelnden zu drapieren vermag. Es war bereits die Rede vom moralischen Abgrenzungshaß des Sohnes, auch vom Abgrenzungshaß des erfolgreichen Schriftstellers vom erfolglosen, dem der Sohn noch dadurch die letzte Demütigung bereitet, daß er späte und verstreute Manuskripte des Vaters an einen Verlag schickte, obwohl er doch weiß, daß sie nicht für eine Buchpublikation taugen.

Trotzdem scheint klar, daß der Abgrenzungshaß auf soliden Identifikationen wächst sowie auf dem tiefen Wunsch, den Vater in seinem eigenen Metier aus dem Felde zu schlagen, der seinerseits mit schäbigen psychologischen Mitteln versucht hatte, den Sohn vom Dichten abzuhalten. So verächtlich Meckel von der Naturlyrik des Vaters spricht, seine Prosa ist voll von fast hymnischer Evokation der Natur. So sehr er das Fehlen der Gegenwart, der Zeit, der aktuellen Probleme in den Werken des Vaters beklagt: sie fehlt beim Schriftsteller Meckel nicht minder, und seine Prosa ist über weite Strecken ebenso privat wie die Literatur der Innerlichkeit der letzten Jahre oder zeitlos märchenhaft. Auch Meckels Texte leben seitenlang vom Evozieren, von der Magie der Worte, vom Beschwören des Sprachklangs abseits ihrer grammatikalischen Einbettung oder ihrer Bewährung an einer geschichtlich lokalisierbaren gesellschaftlichen Realität.

Sehr früh ist die Sprache für Vater und Sohn so etwas wie die gemeinsame Geliebte, in deren Besitz sie verschmelzen. Der Vater liest dem Kind Gedichte vor:

»Seine Stimme verschwebte halblaut zwischen Begeisterung und Melancholie. Dem Singsang gesprochener Verse verfiel das Kind. Kopflos machende Verführung durch Sprache. Hypnose und Erschütterung waren so stark, daß das Kind sich in Tränen auflöste. Hemmungsloses Weinen versuchte, den rätselhaften Vorgang erträglich zu machen. Weinend wollte das Kind sich retten – und klammerte sich heftiger noch an den Urheber der Vergiftung« (S. 50).

Später, als der Vater den dichtenden Jüngling sozusagen kastrieren, mindestens aber des Feldes verweisen will, sagt er: »Bilde dir nicht ein, begabt zu sein, du bist nicht begabt. Deine Sache ist die Architektur. Ich kann dir das Dichten nicht verbieten, aber ich rate dir, damit aufzuhören. Ich rief, das Schreiben sei meine Sache und stürmte aus seiner Veranstaltung ... Von diesem Tage an war er beunruhigt« (S. 154).

Von nun an schreiben beide ums Überleben, und nur einer scheint die Sprache besitzen zu können.

»Das Schweigen umkreiste sein Monopol: die Sprache. Er ließ mich fühlen, daß ich ein Dummkopf sei ... Dann kamen (meine) Bücher und sie verwundeten ihn. Das Untier in seinem Gehege dehnte sich aus. Mit grausamer Unschuld nahm es den ganzen Platz und drückte den Vorbesitzer an die Wand« (S. 155).

»Mein bloßes Dasein höhlte das seine aus« (S. 156).

Es ist, vom Sohn aus gesehen, ein siegreicher ödipaler Feldzug, der, weil er mit Erbitterung geführt wird, Einfühlung nicht mehr zuläßt und Verachtung und Entwertung als Hauptwaffen nicht ächtet:

»Was immer ich machte, ging über ihn hinaus ... Er wurde weich und ich erkannte es nicht. Sein Selbstgefühl ... brach einmal mehr in Krisen auseinander. Im Taumel aufgelöster Identität verlor er, als Lyriker, seine Position ... In einem langen, quälenden Prozeß, wo Verzweiflung, Liebe und Neid beieinander waren, schlug er sich resignierend auf meine Seite« (S. 156).

Aber der Sohn ekelt sich eher vor dem Stolz des Vaters auf ihn und seiner Bitte um Freundschaft. Es kommt alles zu spät und vertieft nur die Verachtung.

Ich kenne keine höhnischere Grabrede auf einen gescheiterten Opportunisten, der der Vater vermutlich gar nicht war, als Meckels Abgesang auf den mittelmäßig Begabten, der auf der Strecke bleibt. Und ebenso keine kühnere Selbstverklärung als kompromißloses Genie, das mit titanischer Kraft um das richtige und einzig gültige Wort ringt. Es muß sich dabei nicht einmal konkret um ihn selbst und den Vater handeln, sondern um Typen und Ideale, die sie verkörpern. Er schreibt über den kompromißlosen Dichter *nach* der ersten Phase des problemlosen Begabtseins:

»Was jetzt zu folgen hat, ist der große Entwurf. Was weiter folgt, ist Arbeit und Konsequenz, die Isolation und ihre Überwindung, Verzweiflung, Geduld, Erschöpfung und täglicher Rückschlag. Schlaflose Mühe um einen Satz, Verzicht auf Bequemlichkeit, Mißachtung, Verruf, schlechte Gesundheit und finanzielle Sorgen, fehlende Resonanz oder falsches Interesse – alles in allem nicht weiter nennenswert. Die Annehmlichkeit heroischer Selbstdarstellung ist dem Autor suspekt, die romantische Attitüde lächerlich ... Unabhängig von Zustimmung oder Verneinung verkörpert er ein Ding der Unmöglichkeit: Er ist der lebendige Anachronist im Schnellbetrieb einer grenzenlosen Kulturindustrie. Er legt sich mit seiner Epoche an ... Er baut eine Sprache auf, in der nicht weniger als alles geschieht ... Sein Satz ist alles oder er ist nichts. Jeder Satz ist der Stein in seinem Weltgebäude, ohne den es zusammenstürzt. Die Beherrschung des Handwerks erweist sich als Illusion. Vermeintliches Können garantiert ihm nichts. Er kann noch scheitern, täglich, mit jedem Wort« (S. 164f.).

Der moralisch-künstlerische Abgrund, in dem das frühere Ideal verschwindet, folgt auf dem Fuß:

»Wer weiterhin nur begabt ist, setzt sich ab oder macht routinemäßig seinen Schnitt. Es kann ihm geholfen werden, er hilft sich selbst. Der Satzbau der anderen, die er draußen zurückließ, beschämt seine Verse, aber das weiß er noch nicht. Er ist begabt, das heißt: er verbrennt sich die Zunge nicht. Er kommt mit dem Bodenlosen gut zurecht: er umkreist es in angemessener Entfernung. Anarchie, Protest und Verneinung sind nicht sein Fall, aber er schätzt das alles bei den anderen. Ihr Risiko kann ihm nicht groß genug sein. Er setzt sich, nach Wahl und Geschmack, für das Richtige ein, die lebenslange Subversion bleibt ihm fremd. Er scheitert nicht an einer Konzeption, verliert sich nicht im Unmöglichen und geht nicht an Sprachlosigkeit oder Zweifel zugrund. Die Flucht in den Kompromiß ist sein rechtmäßiger Aufstieg. Er hat einen sicheren Platz und füllt ihn aus. Er ist jetzt für Ehrungen und Ämter zu haben, er steht auf verläßlichem Boden und hat gut reden ... Er pfeift seinen Wörtern, sie stellen sich folgsam ein, sie sind nicht bissig und rudeln durchs Feuilleton. Er geht gefahrlos in die nächste Strophe, er kann sich noch retten, er kennt Zufriedenheit. Sein Schrei aus dem letzten Loch bleibt gesellschaftsfähig. Die Propaganda hat Erfolg mit ihm« (S. 166f.).

Aber selbst in dieser Orgie der Verächtlichkeit findet der Vater, der sicher auch gemeint ist, nicht einmal seinen angemessenen Platz, er erreicht nicht einmal den lauwarmen Sumpf des opportunistischen Erfolges:

»Mein Vater hatte weder die Chance einer äußeren Karriere noch die Chance eines exemplarischen Scheiterns. Der goldene Mittelweg wurde grau für ihn. Er war begabt, sein Begabtsein reichte nicht aus. Das Zuwenige wurde zu einem Fall von niederdrückender Enttäuschung. Sein letztes Gedichtbuch hieß *Die Scherbenschwelle*. Es war schlimmer als bitter für ihn: er blieb auf der Strecke« (S. 167).

Auf die Gefahr hin, in dieser Flut der Entwertung selbst ungerecht zu werden, möchte ich noch einmal festhalten, daß sich im *Suchbild* ein Tribunal entfaltet, das die Auseinandersetzung mit dem Vater im Dritten Reich nur zum Anlaß nimmt. Das Tribunal ist ein Schnell-, ja gar ein Standgericht. Der Ankläger nennt die Gesetze nicht, nach denen er klagt, und der Richter verschweigt die Maßstäbe, nach denen er urteilt, es sei denn die einer phantastischen, moralisch und künstlerisch makellosen Größe. Trotzdem bleibt *Suchbild* sprachlich und in der Wucht des enttäuschten Angriffs ein großartiges Buch. Es ist allerdings eher ein Befreiungskampf von einer Art klebrigem Ungeheuer, das dem Kämpfenden noch immer übermächtig und erstickend erscheint. Dem distanzierten Betrachter kommt es schon eher rührend, auf irritierende Weise liebenswert vor. Er sieht es weit eher auch als Opfer, das sich, mit schwindender Kraft, aufbäumt. Eher tragisch als verwerflich mutet sein Versuch an, sich dabei des Kindes zu bemächtigen als jemand, der ihn endlich, endlich anzuerkennen hat, und dies noch mit dem Gefühl des väterlichen Rechts auf Verfügung über die innere Entwicklung des Nachwachsenden. Gegen dieses rechthaberische Verfügen-Wollen ohne die Gegenleistung unerschütterlicher Größe scheint mir viel eher der entwertende Haß gerichtet als auf die so unklar bleibende Haltung im Dritten Reich. Die Kriegstagebücher stoßen nur die Tür zum moralischen Rigorismus auf, der aus ganz anderen Verletzungen stammt als aus dem politischen Versagen des Vaters.

Nach einer dritten Lektüre des Buches, einige Monate nach der Ausarbeitung dieses Manuskripts, und nach vielen Gesprächen, die ganz gegensätzliche Identifikationen mit Vater und Autor zeigten, verändern sich die Gefühle von neuem. Das Ausmaß der Zuneigung, der langen, vergeblichen Werbung um den Vater, das Schwanken zwischen liebevoller und verächtlicher Zeichnung, rückt stärker ins Bild: die unausweichliche Präsenz des griesgrämigen, spielverderberischen schwachen Tyrannen wird deutlicher, der sich nicht selbst relativieren kann und deshalb umgangen, betrogen, bemitleidet werden muß.

Es ist erstaunlich und ohne Zweifel ein Vorzug des Buches, wie tief es eigene Identifikationen anspricht. Daß es fast nur gegensätzliche Urteile gefunden hat, also meist wütende Parteinahmen für Vater *oder* Sohn, spricht dafür, daß es ein vulkanischer Ausbruch war. Eine Art nachgeholter Versöhnung spielt sich vielleicht im Kunstwerk selbst ab: die dritte Lektüre jedenfalls verringert den Zwang, auf jeden Fall Partei zu ergreifen. Man ahnt die Nähe der Einfühlung hinter dem Zorn, und auch der Autor trauert bereits, es ist nicht nur der Leser, der die Trauer spürt.

Das Dritte Reich erscheint als eine riesige Projektionswand, auf der Reste des idealen Vaters erhalten geblieben waren. Als er auch dort kümmerliches Normalmaß zeigt, als sozusagen der letzte Damm der Idealisierung bricht, kommt die große Abrechnung. Die vom Vater hochgehaltene Rechtschaffenheit hat den Damm lange geschützt. Am meisten ist das Buch also eine Abrechnung mit der Behauptung: ich brauche mir nichts vorzuwerfen! Sie fördert den Haß des Sohnes auch noch dort, wo er auf offene Flanken trifft.

Selbsttherapie einer schweren narzißtischen Störung. Martin Walsers *Brief an Lord Liszt*

Die erste Lektüre von Martin Walsers *Brief an Lord Liszt* hinterläßt, falls sie überhaupt zu Ende geführt wird, ein eindeutiges Urteil: unappetitlich. Scheinbar ohne Maß prostituiert sich da einer in seinen jahrelang angesammelten Demütigungen vor einem erfolgreicheren Kollegen im Management des gleichen Klein- bis Mittelbetriebes: Franz Horn, minutiös buchführend über die Auf- und Abstiege der Konkurrenten, die fast Freunde geworden wären, buchführend vor allem über die Geschichte seiner Kränkungen und Zurücksetzungen, über seinen Größenwahn, die Geschichte seiner Anpassung, seiner Sehnsucht nach einem Geliebtwerden, das es in dieser Form in dieser Welt nicht gibt. Das Ganze ist verpackt in einen Vierundzwanzigstundentag, an dessen Beginn die Nachricht vom Selbstmord des Chefs der einzigen konkurrierenden Firma steht, und an dessen Ende, nach durchschriebener Nacht, Franz Horn sich auf den Weg macht, mit seiner Familie zusammen den Namenstag seiner Mutter zu feiern. Dem nur literarisch interessierten Leser mag es ergehen wie Peter Demetz mit seinem eher ratlosen Achselzucken (*FAZ*, 11. 9. 82) »Warum erlahmt meine Aufmerksamkeit; warum blättere ich immer ungeduldiger voraus, um das wirklich Spannende und Interessante, das in dem langen Brief ja kommen muß, endlich zu finden?« Demetz findet, der Brief werde »zerdehnt, verwandelt sich in eine Groteske ohne Ende, und die Aufmerksamkeit auch des geneigten Lesers ermattet nach achtzig oder hundert Seiten, gerade weil die Groteske, auch die tragische, ein Maximum an Genauigkeit und gesammelter Kraft fordert und sich an der mechanischen Addition grotesker Motive nicht genug sein lassen darf. ...«

Weitaus stärker hat sich Joachim Kaiser (*SZ*, 19. 9. 82) auf den Leidensaspekt eingelassen, allerdings auch er auf der vergeblichen Suche nach einer plausiblen literarischen Ordnung im Chaos.

»Den ›Brief‹ schreibt also ein Verwundeter, ein Besiegter. Dieser Besiegte aber gerät so ins kreisende, auch kreischende Beschreiben des Unglücks, daß wir zwar die mit Walser-Blick gesehenen Einzelheiten alle begreifen, nur kaum mehr ganz die Figur.« Die ausufernde Fülle der Anklagen und Selbstanklagen, Kränkungen und Wutausbrüche scheint ohne roten Faden. Allerdings hält Kaiser zumindest die Frage nach einem Hintergund offen, die klinische Dimension neben der literarischen ist zumindest angedeutet:

»Im ›Brief an Lord Liszt‹ ist die Grenze zwischen Bedrängendem und Beziehungswahn oft schwer auffindbar. Man muß einen Schritt darüber hinaus und fragen, wie furchtbar eine Seele wohl zugerichtet wurde, die so zu verlieren, zu leiden, sich zu verzehren weiß.« Doch dann gewinnt wieder der nach vertrauter Struktur suchende Literaturkritiker, wenn auch mit Selbstzweifeln, die Oberhand: »Gewiß wäre es pedantisch, von einem Buch, das Verwirrung beschreibt und weniger ein episches Nacheinander vortragen als einzelne Figuren und Komplexe abhaken will, so etwas zu erwarten oder gar zu fordern wie Ordnung und Steigerung. ...« Doch, man darf sie ruhig fordern, aber man muß ein wenig länger suchen und kategorial anderes Gelände betreten, das mit der Landkarte der Literaturkritik bisher nur in losem Zusammenhang existiert. Am allernächsten ist Hellmuth Karasek *(Der Spiegel*, 42/1982) einer nachwirkenden Tiefendimension gekommen, wenn er dem Buch bestätigt, »daß es in der im Brief gespiegelten Situation zwischen den beiden Männern Liszt und Horn die scheinbar auf ewig geronnene psychische Hierarchie einer Angestelltenwelt festhält, die reale Machtverhältnisse sehr wohl überdauert. In Betrieben, so macht das Buch deutlich, gibt es, neben der äußeren eine zweite, oft gegenläufige innere

Hierarchie, die sich in historischen Ablagerungen, in paläontologischen Überbleibseln aus den Platz- und Machtkämpfen einer Firma ablesen läßt.«

Es gibt noch eine dritte Hierarchie. Die Historie und die Paläontologie enden schließlich nicht bei der Firmengeschichte. Karaseks Gedanke der Ablagerung muß nur radikalisiert werden zu den die individuelle Psyche prägenden »Platz- und Machtkämpfen« der Familie, um zu den durchaus geordneten Strukturgesetzen dieser nächtlichen literarischen Konvulsionen vorzustoßen. Auch Rolf Michaelis schwankt zwischen dem Eindruck, man habe es bei dem Brief von Franz Horn mit einem in große seelische Tiefen reichenden Ereignis zu tun, das die Beschädigungen des Erwachsenenlebens transzendiert, und einem Kurzroman, der den direkten Einfluß der Arbeitswelt auf seelische Vorgänge zum Thema habe: »Der Leser wird hier nämlich zum Zuhörer, zum Ohrenzeugen einer riesigen nächtlichen Beichte ... Ein Akt der Selbsttherapie, der an die Gesprächsorgien der psychoanalytischen Heilkunde erinnert, wenn der Briefschreiber der (Seelen-)Nacht im Morgengrauen aufseufzt: ›Ich habe es hinter mir. Wir sind getrennt.‹« (*Die Zeit*, 12. 11. 82) Dann aber folgt der Vergleich mit Franz Xaver Kroetz' Stück *Nicht Fisch nicht Fleisch*: »Beide schildern die Auswirkungen, die neue Techniken der Produktion oder des Managements auf Menschen haben, nicht nur am Arbeitsplatz, sondern vor allem in ihrem privaten Leben, im Verhalten, Denken, Fühlen, Lieben.« Es handle sich um den »alltäglichen Krieg der Angestellten«, nur eben, »in der Brechung durch das leidensfähige Gemüt des Franz Horn«. Die Tiefendimension wird angedeutet, etwas geringschätzig mit den »Wortorgien« der Psychoanalyse in Zusammenhang gebracht, dann verschwindet sie wieder oder reduziert sich auf das »leidensfähige Gemüt«. Dabei ist es, angesichts der gewichtigen Hinweise auf Horns Kindheitskonstellation, die Walser nicht einfach als Ornament einfließen läßt, wirklich nicht abseitig, das »leidensfähige Gemüt« selbst auf seine Strukturgesetze hin zu untersuchen, es nicht nur als das nicht weiter zu erhellende »besondere« Gefäß für das selbstverständliche Allgemeine, nämlich die Verkrüppelung eines Menschen durch die Arbeitswelt, zu nehmen. Die Reduktion auf eine bipolare Struktur: Arbeitswelt verkrüppelt Subjekt, dargestellt anhand eines leidensfähigen Gemütes, stellt eine unzulässige Verkürzung dar; sie beraubt das Subjekt einer ganzen Dimension, seiner Lebensgeschichte, und liefert es, ausgestattet mit der Zufallskomponente des »leidensfähigen Gemüts«, den direkten Auswirkungen der Arbeitswelt aus. Dabei spielt sich der »alltägliche Krieg« längst in seiner eigenen Tiefe ab, lange bevor es das Schlachtfeld des Betriebsklimas betritt. Auch die Kausalitäten, soweit sie jemals zu erfassen sind, werden vollkommen eindimensional: Arbeitswelt verkrüppelt anfälliges, um nicht zu sagen, schwächliches Subjekt. Mit welcher zähen Kraft das schwächliche Subjekt seine Umgebung einfärbt, sich zurechtbiegt, mit seinen Projektionen überzieht, austrickst, zu unerwarteten Reaktionen veranlaßt, bleibt dann außer Betracht. Dabei bestimmen die Regungen des »leidensfähigen Gemütes« bis in Einzelheiten die Struktur des Romans. Betrachtet man sie als eine zufällige Eigenschaft des Subjekts, sozusagen als eine aus künstlerischen Gründen hinzugefügte erhöhte Sensibilität und Leidensfähigkeit ohne eigenes Gesetz und Muster, dann sind seine Erlebnisse freilich eine Häufung grotesker innerer Zustände, wie Demetz meint, ohne Aufbau, Steigerung und Höhepunkt, auf den er ungeduldig wartet.

Ist hinter dem literarischen Interesse, dessen Kategorien der Wohlausgewogenheit, der angemessenen Struktur, der Ordnung und augenfälligen Steigerung, nicht entwertet werden sollen, erst einmal der klinische Blick des Tiefenpsychologen wachgeworden, verhält es sich mit der scheinbaren Unordnung oder gar chaotischen Reihung ganz anders. Die Lektüre verliert an Langeweile. Dafür wird sie packend, aber auch qualvoll; sie hinterläßt innere Spuren, verlangt Pausen, seelische Erholung weitab von diesem Text. Es findet sich nichts mehr von mechanischer Addition grotesker Momente, sondern zunehmend die Faszination vor der präzisen Darstellung sonst unbewußter seelischer Motive, die an einem Tag der extremen Krise hochgespült und wie im Delirium formulierbar werden. Die Sprache schwankt zwischen erstaunlicher Genauigkeit und jenem »hochtrabenden Gerede«, das Heinz Kohut geradezu zum Charakteristikum erklärt bei narzißtisch Gestörten in einer bestimmten Phase einer regressiven Beziehung bzw. Nichtbeziehung zum Therapeuten. Was Demetz so irritiert: daß Fanz Horn bald wie der beste Martin Walser schreibt, und Walser manchmal wie ein angetrunkener Horn, und daß sie nur noch schwer unterscheidbar sind, gehört zum klinischen Bild. Hätte Walser sich nicht tief eingelassen auf seine eigene narzißtische Gefährdung, er wäre nicht zum beinahe-poetischen, das Erhabene suchenden Lallen vorgedrungen, das die inneren Vorgänge Horns begleitet wie Wagnermusik auf dem Schifferklavier. Der Sprachklang unterliegt nicht mehr der freien gestalterischen Verfügung des Autors, er wird, wenn die Figur stimmt, zum Symptom. Er darf nicht dem Autor angelastet werden als mißratene, falsch kalkulierte Prosa; sondern deren Entgleisungen sind die schrille Musik, die bestimmte seelische Zustände malt und deutet. Wenn Walser sie stehenläßt, wiewohl ihm sein ästhetischer Sachverstand doch eingeben müßte, daß dies nicht bewußtseinsklare künstlerische Prosa ist, dann deshalb, weil er ihre nicht mehr nur literarische Stimmigkeit spürt.

Doch soll hier nicht mit der klinischen die literarische Qualität ausgehebelt werden. Der Dialog ist überhaupt erst zu eröffnen, wie sich die klinische Genauigkeit zur literarischen Wohlgestalt verhalten kann, vorausgesetzt, es wäre anerkannt, daß ein beträchtlicher Teil der modernen Prosa eine Erkundung bisher wenig bekannter, inzwischen aber eher massenhaft auftretender Seelenzustände ist, die sich in psychopathologischen Begriffen formulieren lassen.

Kurzum: das Lesevergnügen bzw. das Leseentsetzen verändern sich, je nachdem, wie man in den Text einsteigt. Man mag sich getrost diesen Franz Horn weit weg von der Seele halten, er ist, als Mitmensch und Nachbar, eher unangenehm, fast unappetitlich; als Patient dagegen ist er faszinierend. Ist das nun ein unerlaubter Zaubertrick, ein manipulierender Perspektivenwechsel? Soll hier das Allgemein-Menschliche vertauscht werden mit dem Individuell-Pathologischen, damit neues Interesse aus den Ruinen des ästhetischen Gelingens blühe? Die Gegensätze veralten. Zu viel Klinisches dringt in die moderne Literatur ein. Der Leser wird nicht mehr das zur Gute-Nacht- oder zur Ferienlektüre wählen, was eine vorwiegend ästhetisch argumentierende Literaturkritik ihm als schön oder gelungen darstellt, sondern was er für sich zumutbar oder bekömmlich hält.

Zugegeben: ohne das klinische Interesse hätte ich den *Brief an Lord Liszt* nicht ohne Zwang zu Ende gelesen. Das Buch ergibt in der Tat wenig literarisches oder identifikatorisches Wohlgefallen. Aber daß ich vom literarischen auf das klinische Interesse umschalten muß, liegt ja an einer Antiquiertheit meiner Lesegewohnheiten. Die beiden Aspekte haben sich völlig ungleichzeitig herangebildet. Nun finden sich aber in der neueren Prosa zunehmend Texte, die ohne Zusammenzwingen der beiden getrennten Teile der literarischen Wahrnehmung nicht wirklich zu vestehen oder angemessen zu rezipieren sind. Weil jedoch das »klinische Lesen« noch nicht Allgemeinbildung ist, muß es immer wieder vorgeführt werden. Die literarische Lesekultur hat einige fleißige Jahrhunderte hinter sich, die klinische zehrt von einigen Pioniertaten Freuds und vielen klugen

Analysen, die weitgehend wohlsekretierte Fachliteratur geblieben sind. Was fehlt, ist die tiefenpsychologische Stimme in der jeweils aktuellen Literaturdiskussion. Die Psychoanalytiker verhalten sich hier ähnlich wie die Geschichtsschreiber: sie machen sich an die großen Gestalten und die historischen Epochen, wenn ihre Größe oder ihre Geschichtlichkeit außer Zweifel stehen, d.h., wenn Qualität und zeitlicher Abstand gesichert sind.

Im Augenblick ist meine klinische Faszination vor Walsers *Brief an Lord Liszt* so groß, daß sie mir den Blick für die literarische Qualität trübt. Die klinische spricht aber dennoch für die literarische Güte: was dem nur literarisch Urteilenden wie mechanische Häufung, wie Kitsch oder falscher Pomp erscheint, muß sich auch literarisch anders würdigen lassen, wenn es die Stimmigkeit von »Symptommusik« erhält, das heißt, wenn Krankheitsbild und Äußerungsform plausibel zusammengehören und nicht mehr als Entgleisungen des Autors abgetan werden können. Es mag anmaßend erscheinen, einem Literaturkritiker vom Rang eines Peter Demetz' Vorhaltungen über nichtberücksichtigte Kategorien bei der Beurteilung eines Textes machen zu wollen. Und dennoch bleibt als These: über Texte, deren Helden offensichtlich schwer gestörte Menschen sind, die sich mit Hilfe des vorübergehend sich auf die Störung identifikatorisch einlassenden Autors ihre eigene Sprache suchen, kann nicht mehr abschließend mit den üblichen literarischen Begriffen geurteilt werden. Wenn sich der Rezensent langweilt oder wenn er ungeduldig wird, kann das nach wie vor gegen literarische Qualität sprechen. Im vorliegenden Falle verhält es sich aber fast so, als versuche ein an den Klanggesetzen klassischer Musik geschulter Liebhaber oder Sachverständiger sich modernen, seriellen Kompositionen zu nähern: er sieht groteske Häufung und Tohuwabohu, versteht die Längen nicht und die kompositorischen Gesichtspunkte, kurz: er hat sich unzureichend informiert und eingehört.

Um es noch einmal zu wiederholen: gelungen oder mißlungen sind angesichts eines Prosastücks wie dem *Brief an Lord Liszt* nicht mehr die einzigen Kriterien, die den Leser von der Lektüre abhalten oder ihn dazu animieren sollten. Eher treten Kriterien die Zumutbarkeit in den Vordergund: will ich mich wirklich mit dem Nacherleben einer abgrundtiefen, narzißtisch-neurotischen Krise abgeben, die mir Atembeschwerden, Kopfweh, Alpträume, Ekel oder Schwindelanfälle machen wird, wenn ich mich wirklich einlasse, die mich aber, wenn ich es wage, vielleicht auch ein Stück weit befreit, mir Signale gibt, soweit ich sie in diesem Bereich dazu gebrauchen kann, meinem eigenen Leben einen Anstoß in eine weniger neurotische Richtung zu geben. Es ist grotesk, Peter Demetz von einer »mechanischen Addition grotesker Motive« sprechen zu hören, wo es sich, Schritt für Schritt, um einen Abstieg zur Hölle handelt, auf genau unterscheidbaren Stufen, mit plausiblen Verzögerungen, Beschleunigungen, zögernden oder den nächsten Schritt vorbereitenden Phantasien und Einschüben (Widerständen und Abschweifungen in der Analyse vergleichbar) und vorbereitenden kleinen Umwegen, die den nächsten Absturz, den nächsten Geständnisdurchbruch präludieren. Grotesk auch, daß Peter Demetz nicht einmal das Konstruktionsprinzip auffindet, das aus dem Prosatext ein kontrapunktisches Kunstwerk macht: es gibt da den Strang der rekapitulierenden Erinnerung an die letzten Jahre in dem Brief, dann die Ebene der rekapitulierenden Erinnerung an den großen Streit, der schon als das rekapitulierende Aufräumen angelegt war, und schließlich die Ebene der sich langsam im Laufe der Nacht wandelnden Beziehungen zu Lord Liszt. Als erster Strang verläuft noch der der beiläufig eingestreuten biographischen Information über Horn durch den Roman, dünn, aber immerhin so präzise, daß der informierte Leser noch in den zusätzlichen Genuß kommt, die klinische Diagnose und die Entwicklung der Beziehungen in ständigem Zusammenhang mit der Kindheitsanamnese lesen zu können.

Die Ausgangsthese: Franz Horn ist ein Mensch, der seit frühester Kindheit eine schwere psychische Störung mit sich herumträgt, die sich, in milderer Form, vermutlich bei vielen Menschen findet, die sich unter bestimmten Arbeitsbedingungen, die von solchen Individuen allerdings auch aufgesucht werden, vertieft, und die unter einer krisenhaften Verschärfung ihrer seelischen Situation zu Krankheit, Dekompensation, Zusammenbruch oder Selbstmord führen kann. Die Behauptung ist nicht übertrieben, daß das Ineinandergreifen solcher Störungen mit den komplementären Eigenschaften von Chefs oder Konkurrenten das Funktionieren von Verwaltung und Management in der Industrie und anderen Bereichen garantieren oder am Leben erhalten; daß psychologisch versierte Chefs mit diesen Eigenschaften und Störungen wie selbstverständlich rechnen und sie sich dienstbar machen. Der weitergehende Schluß, daß die moderne Industriegesellschaft eine menschliche Entfaltung eben nicht zulasse und die Menschen dergestalt verkrüppele, ist zu eindimensional. Denn die Behinderungen von Franz Horn stammen nicht aus seinem Erwachsenenleben – dieses hat sie ausgebeutet und vertieft, es hätte sie aber auch mildern können –, sondern aus einem unglücklichen Kinderschicksal. Damit ist die gesellschaftliche Determinante keineswegs aus der Welt geschafft, sie kehrt vielmehr in einem Mehrgenerationenaspekt, verwoben in Geschichte, Krieg, kulturelle und soziale Moral, Gesellschaftsstruktur usw. wieder, wird vieldimensional, und es bedarf einer Reihe von psychohistorischen Kategorien, um sie ausreichend zu erhellen. Es ist viel zu einseitig, wenn Demetz betont: »Walser behält ... den grauen Jedermann an Schreibtisch und Computer unverrückbar im Auge und zeigt uns, wie er, und nicht nur er, langsam zum Krüppel wird, weil er sich nicht als ganzer Mensch verwirklichen darf.« Der Chef und der Betrieb verbieten ihm dies nur zum geringeren Teil. Das Hauptgeschäft erledigt die neurotische Störung, mit der sich Horn zu ihrer eigenen Verwertung geradezu anbietet. Die soziologistische Verkürzung der komplizierten Vermittlung von Psychischem und Gesellschaftlichem mag auch erklären, warum Demetz der pathologischen Entfaltung des individuell Abnormen in Franz Horn, das sich seine eigene Sprache und Form sucht, so ungeduldig gegenübertritt.

Wir erfahren über Franz Horns Kindheitsschicksal quantitativ wenig, psychologisch gesehen sehr viel, ausreichend viel, um eine erhebliche seelische Belastung als wahrscheinlich ansehen zu können. Die Fakten, die Walser eher zögernd verrät, sind meisterhaft eingebettet in die Wiedergabe oder die Andeutung eines innerfamiliären Klimas. Die Mutter wurde seit ihrer Heirat mit »Vater Willy«, von Franz später nur VW genannt, von ihrer Familie gemieden. Sie leidet ehelänglich daran, daß sie zur Miete wohnt, weil sie sich vom Hausbesitzer immer geringschätzig angeschaut fühlt. Noch am Beerdigungstag des Mannes taucht die mütterliche Familie wieder auf, als sei nun ein störender Fremdkörper beseitigt, mit dem die Mutter, wie wir beiläufig erfahren, ohnehin in einer Ersatz- und Josephsehe gelebt hat zur Legalisierung ihres sonst unehelichen Kindes von einem anderen Mann. Der mütterlichen Familie war es unvorstellbar, trotz der durchaus vorhandenen Möglichkeit, für Franzens Familie ein Häuschen zu bauen, solange »VW« lebte. Franz erlebt die Geringschätzung des »Vaters Willy«, wie die Mutter ihn verfremdend nennt, deutlich mit. Mehrfach taucht bei Franz im Zusammenhang mit VW der Ausdruck »Mitleid« auf, vor allem für seinen Ordnungseifer, den der Sohn allerdings genau übernimmt. »Nur aus Mitleid hatte er getan, als bewundere er diese Fähigkeit.« Untergründig blieb Franz nie verborgen, daß der

Verachtete und Bemitleidete nicht sein Vater war. Die ins Leere laufenden Bedürfnisse des Kindes nach Identifikation und Bewunderung können sich nur an einem einzigen Punkt festmachen: daß VW beim Aufräumen nie die Zigarette aus der rechten Mundhälfte nahm. In sechs Zeilen gelingt es Walser, den narzißtischen Kampf der Eltern um die Zukunft des Kindes zu veranschaulichen:

»VW wollte aus Franz einen erstklassigen Lageristen machen. Als Franz das der Mutter erzählt hatte, rief sie VW in die Küche und schickte Franz hinaus. Er hörte, wie sie drinnen zischte. Es klang, als koche etwas irrsinnig in einem viel zu kleinen Gefäß. Danach hat VW nie mehr gesagt, Franz müsse ein erstklassiger Lagerist werden« (S. 16).

Auf die Gefahr hin, das künstlerisch extrem Verdichtete in pedantischer Exegese zu zerdehnen, möchte ich doch andeuten, was der kleinen Passage mit Sicherheit zu entnehmen ist: es gab über Fragen der Herkunft, der Gefühle, der Zukunftsabsichten, der Wünsche der Eltern und der Fragen nach den Wünschen des Kindes kein offenes Gespräch, vielmehr einen latenten, aber scharfen, auf Biegen und Brechen geführten Kampf um die »Aneignung« des Sohnes. Er wird entschieden durch einen Haßausbruch der Mutter, den man sich nur als demütigende Zurechtweisung des Vaters vorstellen kann. Der Kampf wird, als er ausbricht, heimlich geführt, aber doch so, daß der Sohn dessen unerbittliche und folgenreiche Heftigkeit mitbekommt. Unschwer läßt sich schließen, daß die Mutter ebenso unausgesprochen Genie-, mindestens Größen- oder Aufstiegsträume für den Sohn hatte, die diesen mit dem Vater in einen unauflösbaren Konflikt stürzen. Denn er muß sich zwischen verfeindeten Lagern entscheiden. Es läßt sich aus der Szene weiter folgern, daß die Mutter Zeichen einer freundlichen Identifikation des Sohnes mit dem Vater vielleicht weniger drastisch, aber mit ähnlicher Konsequenz bekämpft hat. Im Rückblick auf Franz Horns Selbstmordversuch vier Jahre vor dem großen Brief heißt es übrigens: »Wahrscheinlich war das, was ihm passiert war, nur ein allerletztes Aufflackern irgend eines früheren, längst geisterhaft gewordenen Ehrgeizes« (S. 23).

Über die Persönlichkeit der Mutter erfahren wir wiederum nur indirekt einiges, aus dem wir auf ihre Wirkung auf Franz Rückschlüsse ziehen können. Von Franz' Frau Hilde, die als lebenstüchtig, resolut und lebendig geschildert wird, hören wir: »In Gegenwart seiner Mutter kriegte Hilde gern etwas Schwerkrankes. Sie erlosch förmlich ... Hilde hatte die Selbsteinschränkung, die sie damals seiner Mutter gegenüber entwickelte, nie mehr ganz überwunden« (S. 24f.). Franz selbst kann die Kränkung, die es der Mutter bedeuten wird, daß »der einzige Doktor« telegrafisch zum Namenstags absagt, nur durch sofortige Rachepläne auffangen. Vorausschauend auf den Verlust des Festes sagt er: wir werden »vorsichtig um eine historische Suppe herumsitzen und an den Lebenszeichen meiner Mutter zu erkennen suchen, wie sie uns heute am liebsten hätte« (S. 140). Daß Franz die hervorragende Eigenschaft entwikkelt hat, sich bis zur eigenen Unkenntlichkeit nach den Wünschen der Vorgesetzten zu richten, hat in dieser Beziehung zur Mutter seinen Ursprung. Er hat nicht einmal ein Recht auf seine eigene Geschichte, sie teilt ihm nie mit, wer sein Vater ist. Sie floh ihre Eltern, als sie schwanger war, und bekam das Kind heimlich. Der Enkel sieht die nicht weit entfernt wohnenden Großeltern nie. Horn über seine Mutter: »In ihr spüre ich die Härte aus einer anderen Zeit.« Zur Geburt kam sie für 3 Monate ins Haus der Schwester, die dem Bruder den Haushalt führte. Der Aufenthalt der Schwester muß vor dem Bruder verheimlicht werden. Das Kind hat also der Mutter unsägliche Demütigungen, den fluchtartigen Abschied von zu Hause, ein entwürdigend geheimes Leben im Haus der Geschwister, eine ungeliebte Ehe nur zur Legalisierung des Kindes und die Abneigung der Verwandtschaft eingebracht. Andererseits muß sie den Sohn doch so stark besetzt haben, daß sie »zischt«, als er »Lagerist« werden soll. Franz löst für sich das unlösbare Rätsel so: »Manchmal glaube ich, mein Vater werde mir verheimlicht, weil er ein Geistlicher war. Das sind die Prinzenträume dieser Gegend« (S. 141). Er lebt also, über die hintergründige Wirklichkeit seiner Abstammung im dunkeln tappend, neben einem von Mutter und Familie verachteten, derben, trinkenden und im Wirtshaus kartenspielenden Maurer als Vater oder Ziehvater, mit einem selbsterfundenen »Familienroman«, den ein deftiger, über die Stränge schlagender Priester als Idealvater prägt. Etwas »Besseres« mag der wirkliche Vater vielleicht gewesen sein, der die Mutter schwängerte und sich dann in Nichts auflöste: sie war »Bedienung«, und Franz unterhält dann selbst später ein düster-heimliches Verhältnis zu einer Bedienung, die er freudlos und zäh und ohne über seine Motive ins Klare zu kommen, einige Jahre zur »Erledigung des Geschlechtlichen« besucht.

Was ihm fehlte, war die Möglichkeit, eine väterliche Figur wenigstens so lange ohne Schuldgefühl und drohenden Liebesverlust bei der Mutter zu idealisieren, bis aus der Identifizierung und Internalisierung der geliebten und bewunderten Person ein Grundstein der männlichen Selbstachtung, Autonomie und Initiative gelegt war. Männer mit kräftigem Selbst, Durchsetzungskraft, Initiative und gesundem Narzißmus bleiben also für ihn Sehnsuchtsgestalten, denen er sich immer wieder nur dienend, liebebedürftig, süchtig nach Anerkennung nähern kann, weil er davon nichts in sich selber findet. Sie werden nie wirklich Partner, sondern bleiben bewunderte Größen, mit denen er zwar verschmelzen, die er aber mit seiner eigenen, stagnierenden psychischen Statur nie einholen kann. Dabei handelt es sich nicht um eine manifeste homosexuelle Entwicklung, also eine Verschiebung der Triebpositionen, sondern um eine narzißtische Abhängigkeit von männlichen Idealfiguren, in deren Nähe er die Leere seines Selbst dauernd mit geliehener Substanz auffüllen kann.

Daß es auch in der Triebentwicklung zu einer Fixierung gekommen ist, nicht im Bereich lustvoller Betätigung, sondern im Bereich der Phantasien über die Macht des bewunderten Chefs, ist an Franz' Faszination vor den unerschöpflichen und unzerstörbaren Verdauungskräften des Direktors Thiele abzulesen.

Heinz Kohut hat in seinem Buch *Narzißmus* diese Formen der Störungen am gründlichsten untersucht und von anderen Defekten im narzißtischen Bereich, die zu stärkerer Fragmentierung des Selbst und massiverer Aufsplitterung der bewunderten oder gehaßten Objekte sowie der Ichzustände führen (z.B. Borderlinezustände, vgl. den Aufsatz über Handkes *Die Stunde der wahren Empfindung* S. 9–46), abgegrenzt. Gelingt einem Kind die Verschmelzung mit einer bewunderten Person, dem sogenannten Selbstobjekt, nicht, dann sind, nach Kohut und anderen, zwei Verzweiflungsreaktionen des gekränkten oder zurückgewiesenen Selbst möglich: erstens, es regrediert zu noch archaischeren Formen der Bewunderung des Selbstobjekts oder von Teilen oder Funktionen von ihm (z.B. Thieles Verdauung, seine Art zu spotten oder zu telefonieren), oder zweitens, es rettet sich durch die Zuflucht zu extremer Selbstbewunderung, zur Anlehnung an das schlummernde archaische Größenselbst, also den kindlich-trotzigen Größenwahn, und klammert sich an einsame, phantasierte oder geplante Spitzenleistungen oder -eigenschaften. Die Zurückweisungen beim Versuch von Anlehnung und Verschmelzung sind von extremen Haßausbrüchen und Rachephantasien begleitet, die, da nicht kommunizierbar, im Verborgenen wuchern. Bei Franz Horn nehmen sie die groteske Form von Rachetagebüchern an, in denen er, quasi für das Jüngste Gericht, alle Verletzungen, die ihm zugefügt werden, sammelt, um endgültige »Genugtuung« zu erhalten.

Bevor hier aber die psychoanalytische Diagnostik vertieft werden soll, will ich noch einiges ausführen über die Struktur des Romans, seinen Aufbau, den Verlauf der Zeitstrukturen und die psychodynamische Funktion der Briefform bzw. der durchschriebenen Nacht.

Zunächst einige »Fakten« der unglückseligen Geschichte. Franz Horn ist seit langen Jahren Angestellter von Thiele. Nachdem er Thieles erste »rechte Hand«, den »Ochsenfrosch«, verdrängt hatte (der ein schlimmes Ende hat), rückt er, im Zuge einer Expansion des Betriebes, an diese innig begehrte Stelle und opfert sich einige Jahre begeistert für Chef und Betrieb. Er wähnt sich mit Thiele ein Herz und eine Seele, schuftet weit mehr als der Chef, heiratet und zeugt Kinder. Im Zuge einer neuen Expansion stellt Thiele einen jüngeren Fachmann, Liszt, ein, der Horn allmählich ausbootet und an seine Stelle tritt. Thiele rückt, bereits immer stärker Phantasiegestalt für Horn, in der Idealisierung ständig höher. Liszt erbt einen Teil seiner »Göttlichkeit« im Betrieb; Horn entwickelt eine zunehmend sensitiv getönte, geheime Beziehung zu ihm, die zwischen hoffnungsvoller Annäherung und rachsüchtigster Enttäuschung schwankt. Schadenfroh beobachtet er, wie Liszt durch den Eintritt eines neuen jungen Managementstars den gleichen langsamen Absturz erleidet, sich dies kaum eingestehen kann, aber dennoch, wie Halt suchend, wieder auf Horn zugeht. Zerrissen zwischen Schadenfreude und dem wiedererwachenden Verschmelzungswunsch mit dem Stürzenden spürt er, daß er in diesem Betrieb den Boden unter den Füßen verliert und bietet sich dem Chef der einzigen Konkurrenzfirma an in der Illusion, dort den roten Teppich des Angebots von vor 15 Jahren, rechte Hand des Chefs zu werden, immer noch vorzufinden. Zu seinem letzten Versuch, seine ihm ein seelisches Überleben sichernde eigene Idealgestalt, nämlich der mit dem Chef eng verbundene *zweite Mann* eines Betriebes zu werden, heißt es, versehen mit dem feinen Ruch der Prostitution: »Er hat sich Stierle angeboten« (S. 8).

Der bedeutungsvolle Tag, auf den der nächtliche Brief folgt, beginnt tatsächlich mit einer Groteske, nämlich mit der rührselig-triumphierenden Totenfeier Thieles für den in Flammen aufgegangenen Konkurrenten, der die letzte Möglichkeit für Horn bot, seine berufliche und menschliche Selbstachtung zu retten. Mit dieser Nachricht setzt für Horn ein innerer Zerfall ein, eine Regression auf die vorwiegend infantilen, nicht mehr steuerbaren Anteile seiner verletzten und verschmelzungssüchtigen Psyche, die ihn aber auch dazu treibt, »aufzuräumen« und mit verzweifeltem Wahrheitsfanatismus den Versuch zu unternehmen, die galoppierende Selbstdemontage mit Hilfe des Briefes aufzuhalten. Was in der erzählenden Einleitung über Horn mitgeteilt wird, ist neben Details über seinen Abstieg in der Firma, seine zunehmende Arbeitshemmung und innere Leere, seine fortschreitende Angst, überhaupt von Mitarbeitern gesehen und angesprochen zu werden, sein Versuch, zur Familienfeier zu fahren: die fast willenlose Heimkehr in sein eigenes Haus und schließlich ein körperlich-seelischer Zusammenbruch, der ihn das volle Ausmaß seiner seelischen Krise körperlich erleben läßt und ihn an den Schreibtisch zurückzwingt. Ausgelöst wird der Zusammenbruch durch das Betrachten eines vieldeutig einladenden Fotos von Liszt, das Horn wie ein Andachtsbild im Schreibtisch aufbewahrt. Wir erfahren ferner noch, während der Betrachtung des Bildes, daß Horn vor etwas mehr als einer Woche mit Liszt anläßlich eines gemeinsamen Ausflugs zu einem Restaurant am See, von dem der Chef sie zu einer gemeinsamen Segeltour und Geschäftsbesprechung abholen wollte, einen schweren Streit hatte. Über diesen Streit hatte er Liszt einen kurzen Entschuldigungsbrief geschrieben. Als er sich die Gefühle klarmacht, die das Ausbleiben einer Antwort in ihm hervorruft, erfolgt der psychosomatische Zerfall der Person: »Wie kam er dazu, diesen Menschen täglich anzuschauen! ... Er ging. Aber mitten zwischen Haustür und Auto überfiel ihn diese Schwäche. Er war nicht mehr sicher, ob er bis zum Auto kommen werde. Er konterte sofort: warum sollte er denn nicht bis zum Auto kommen, ihm fehle doch nichts. Aber gab nicht sein rechtes Knie nach, als wolle es gleich jeder Verläßlichkeit entgleiten?« Horn geht an den Schreibtisch zurück. »Und doch zitterte er. Er zitterte wirklich. ... Er hatte, mitten zwischen Haustür und Auto, gespürt, wie ihn sein Selbstvertrauen verließ. Er hatte tatsächlich das Gefühl gehabt, er spüre, wie es ihn verlasse, wie er, als es aus ihm hinausfuhr, weich und schwer wurde, süchtig nach Zusammensacken ... Mit der Deutlichkeit einer extremen Temperaturempfindung hatte er seine Bedeutungslosigkeit gespürt« (S. 21f.).

In der Regression, in der selbst das Heiligenbild des Konkurrenten angesichts seines als demütigend erlebten Schweigens keinen Trost mehr spendet, erlebt Horn seine »Unwertsempfindung« wie das Entschwinden einer haltgebenden Substanz aus seinem Körper. Obwohl er noch luzide denken kann, vernebelt sich doch das Weltbild ins Wahnhafte: der bevorstehende Verkauf eines Teils der Firma weitet sich für ihn aus zu einer FUSION, die den innerseelischen Begriff der Verschmelzung ausdehnt auf das erlösende oder verschlingende Ineinanderfließen von Firma und Konzern. In einem letzten Aufflackern von Hoffnungen phantasiert er, er könne Liszt einfach anrufen, mit ihm zusammen ein paar Flaschen Wein leeren und alles bereinigen. Aber: »Er konnte den jetzt nicht anrufen« (S. 27). Statt dessen stürzt er sich in den großen Brief.

Die zweite Hauptthese dieser Arbeit ist die: Franz Horn verhält sich nun, in geraffter und konzentrierter Form, so, als befinde er sich in einem psychoanalytischen Prozeß, den ihm Liszt übrigens, als Gipfel der Demütigung, immer wieder empfiehlt. In diesem Prozeß lassen sich die verschiedenen Ebenen der Beziehung durchaus unterscheiden. Der Brief stellt eine Rekapitulation der Vorgänge während des Streits beim Warten auf Thiele dar. Der Streit seinerseits war bereits eine wütende Rekapitulation der mißglückten Beziehungen in der Firma, nachdem der Versuch Horns, sich auf der Wanderung zum See in einer harmonischen Zwillings-Beziehung zu Liszt einzurichten, fehlgeschlagen war. Während der Brief also die mißlungene Aufarbeitung der Vergangenheit im großen Streit am See rekapituliert, gerät der Schreibende im Laufe der Nacht und der Abfolge der neunzehn Postskripte in das ganze Spektrum der Beziehungsformen hinein, die er zu Thiele und Liszt erlebt hat und die er jetzt verdichtet im Verlauf des Schreibens noch einmal durcheilt. Da Liszt nicht antwortet, ist er eine ideale Projektionsfläche für sämtliche Beziehungsangebote von Horn, von der schmeichelnden Suche nach Nähe bis zur projektiven Verzerrung des ersehnten und gehaßten Freundes zu gottähnlicher Größe (*Lord* Liszt) und moralischer Vollkommenheit, unterbrochen von Phasen kalter, höhnischer und rachsüchtiger Aufplusterung von Horn, in denen das archaische Größenselbst mit der Auslöschung des Gegenübers droht. Das heimliche und gegen Ende offen zutage tretende Ziel ist DISTANZ, also Unabhängigkeit und Individuation. Ob die Ablösung gelingt und Horn zu einem eigenen Selbst findet, bleibt bis zum letzten Satz offen, aber es gibt, inmitten der endlosen Selbstdemütigung, Ansätze zu einer ganz neuen Form der Selbstachtung. Es ist, als ob die seelischen Fremdkörper von Verschmelzungswunsch und Selbstaufblähung herausgewürgt wären und eine vorerst leere und schlaffe Form zurückbliebe, in die ein EIGENLEBEN einfließen könnte.

Bevor ich am Text die Doppelstruktur der beim großen Streit vergeblich thematisierten Leidensgeschichte untersuche, sollen, zur diagnostischen Erhellung und zur Erleichterung des »klinischen« Lesens, die wichtigsten von Heinz Kohut erarbeiteten Kategorien der narzißtischen Störung und ihrer Reinszenierung in den verschiedenen Übertragungsformen in der Phychoanalyse verdeutlicht werden.

Zentral ist dabei die Entwicklung des Selbst als dem Kern der Persönlichkeit, die von der frühen mütterlichen Anerkennung (dem »Glanz im Mutterauge«), der Spiegelung, der Verschmelzung und Identifikation mit der idealisierten Person beider Eltern gespeist wird. Sie führt im günstigen Fall zu einem kohärenten, die Selbstannahme und die Selbstachtung regulierenden Fundus von tragenden und orientierenden seelischen Anteilen, die aus der allmählichen Verinnerlichung der Objekt-Bilder wie der von den Objekten gespiegelten und getragenen Selbst-Bilder stammen. Die Trennung von Selbst-Repräsentanzen und Objekt-Repräsentanzen aus der anfänglichen Verschmelzung mit den archaischen Bildern der Eltern wie des eigenen Selbst ist dabei besonders wichtig. Gelingt sie nicht, so bleibt es bei den narzißtisch Gestörten bei Fixierungen an primitive, oft fragmentierte Repräsentanzen, die eine realistische Einschätzung der eigenen Person wie von Anderen unmöglich machen und zu einer verzerrten Wahrnehmung führen. Kohut schreibt:

»Die Patienten leiden an spezifischen Störungen im Bereich des Selbst und jener archaischen, mit narzißtischer Libido besetzten Objekte (Selbst-Objekte), die noch in enger Beziehung zu archaischem Selbst stehen (das heißt Objekte, die nicht als getrennt und unabhängig vom Selbst erlebt werden)« (Kohut, 1973, S. 19). Das heißt, die frühen Bilder von Mutter und Vater bzw. der zentralen Bezugspersonen, sind nicht in angemessener Weise verinnerlicht, zu einem sicheren inneren Besitz geworden, sondern es hat unter dem Druck von Trennungen, Enttäuschungen und Traumatisierungen Spaltungen gegeben, und es kommt zu einer fortbestehenden Abhängigkeit von deformierten Teilfiguren und einer Bindung an archaische Formen des Selbstbildes. Ein erträgliches Selbstgefühl muß also immer wieder durch Anlehnung und Verschmelzung mit verzerrt wahrgenommenen äußeren Objekten gesucht werden, oder durch Rückzug auf primitive Größenphantasien. »Die Objekte bei den narzißtischen Persönlichkeitsstörungen sind archaisch, narzißtisch besetzt und prästrukturell« (S. 39). Prästrukturell bedeutet: die inneren Objekte gleichen sozusagen in der Landschaft stehengebliebenen, urhaften, vormenschlichen Götterfiguren, die nicht in liebevoller Auseinandersetzung auf ein realistisches Maß geschrumpft sind oder deren psychische Substanz nicht durch erträgliche Frustrationen verinnerlicht werden konnten in Form eines leitenden Ichideals oder sicherer Verhaltensnormen. Sie üben also ihren Einfluß weiterhin von außen aus und entsprechen den ins Großartige, oft aber auch ins Entsetzliche verzerrten frühen Elternbildern.

Bei der analytischen Behandlung tauchen in der Übertragung diese archaischen Selbst- und Objektbilder wieder auf, zum Beispiel in Form einer immensen Idealisierung des Therapeuten, der zu einer übermächtigen Quelle des Selbstgefühls wird, solange man eng mit ihm verbunden ist. »Da alle Vollkommenheit und Stärke jetzt in dem idealisierten Objekt liegen, fühlt sich das Kind leer und machtlos, wenn es von ihm getrennt ist, und es versucht, dauernd mit ihm vereint zu bleiben« (S. 57). »... die Persönlichkeit bleibt das ganze Leben hindurch in einer Weise von gewissen Objekten abhängig, die man als intensive Form von Objekthunger bezeichnen könnte. Die Intensität ... kommt daher, daß sie als Ersatz für fehlende Segmente der psychischen Struktur gesucht werden« (S. 65 f.). Besonders traumatisch wird die Entwicklungskonstellation für ein Kind, wenn es nach einer längeren Enttäuschung bei der Mutter das Entbehrte beim Vater sucht und dort auf Abweisung oder Unverständnis stößt, oder wenn die Mutter die vorübergehende Abwendung, die zur Stabilisierung notwendig wäre, unterbindet. Über die Verletzbarkeit solcher Personen heißt es anhand eines Fallbeispiels, das ohne Einschränkungen Franz Horn heißen könnte: »Er war außerordentlich empfindlich nicht nur gegen Kränkungen – seien sie persönlich und absichtlich oder unpersönlich und zufällig –, sondern auch gegenüber Benachteiligungen als Folgen äußerer Umstände, auf welche er jedoch immer wieder wie auf eine persönliche, ihm absichtlich durch eine animistisch erlebte Welt zugefügte persönliche Beleidigung reagierte« (S. 84). Dabei besteht eine »Neigung, auf die Ursachen narzißtischer Beeinträchtigung mit einer Mischung von totalem Rückzug und rachsüchtiger Wut zu reagieren« (S. 86). Als sei von den täglichen, in aller Heimlichkeit und Beschämung vorgenommenen Bild-Betrachtungen Horns vor dem Foto-Porträt von Liszt die Rede, heißt es bei Kohut: »Die verschiedenen perversen Handlungen des Kindes sind somit Versuche, die Einheit mit dem narzißtisch besetzten, verlorenen Objekt durch visuelle Verschmelzung und andere archaische Formen der Identifizierung wiederherzustellen« (S. 123).

Mißlingt diese Verbindung oder Wiederverschmelzung mit einem idealisierten Objekt, kommt es, wie erwähnt, zu einer Wiederbelebung eines infantilen Größenselbst, deren verschiedene Ausprägungen, die Franz Horn durcheilt, Kohut ebenfalls beschrieben hat: es wird dem enttäuschten Anderen gönnerhaft angeboten, an der *eigenen*, magisch überhöhten Größe teilzuhaben, und sei es an der Größe im Leiden, Ertragen, Durchschauen, in der Bitterkeit usw.; alternativ kommt es zum Angebot einer »Alter-Ego- oder

Zwillings-« Beziehung, bei der, unter Verwischung aller realen Unterschiede, zur Vermeidung der eigenen Leere zwei Personen als »gleich oder sehr ähnlich« erlebt werden. Der narzißtisch Gestörte sonnt sich dann in dem Gefühl, einen idealen Doppelgänger für sein ebenfalls als ideal wahrgenommenes Selbst gefunden zu haben. Oder aber er benutzt drittens den Partner, um sich in seiner ersehnten, phantasierten oder erzwungenen Bewunderung zu spiegeln und psychisch aufzuladen. Umgekehrt, und auch dies eins der Schicksale von Franz Horn, lassen sich narzißtisch Gestörte oft benutzen, um andere, an denen sie Eigenschaften wahrnehmen, die sie selbst nicht haben, übermäßig und bis zur Selbstaufgabe zu bewundern und zu beneiden.

Franz Horn als narzißtisch Verwundeter

Alle diese narzißtischen Beziehungsformen können, solange keine äußeren Störungen vorliegen, sehr stabil sein; sie können aber auch, unter dem Einfluß neuer Kränkungen, rasch wechseln, was zu einem Gefühl der Unberechenbarkeit solcher Menschen führt und ihnen zusätzliche Ablehnung, Spott oder kränkenden Rückzug einbringt. In vielen Fällen funktioniert das System wie ein circulus vitiosus, so wie bei Franz Horn, der nach dem unaufhaltsamen Aufstieg Liszts im Betrieb auch seinen Halt in der Familie verlor, sich für drei Jahre von ihr trennte und erst nach einem Selbstmordversuch dorthin zurückkehrte.

Wie bei allen Neurosen lebt das Subjekt, zusätzlich zu der von Karasek aufgezeigten »paläontologischen« Dimension innerhalb der Firma, auf noch viel vorzeitlicherer Stufe Beziehungsformen nach, die nicht nur die Ablagerungen der vorausgehenden Jahre, sondern die Versteinerungen der frühen Kindheit enthalten, oder aber Restitutionsversuche darstellen für die mißlungene Suche nach ausreichend guten frühen Objekten. Die Wiederkehr dieser Beziehungsformen, das Leid, das sie mit sich bringen, den Realitätsverlust und die zunehmende Verstrickung in Haß, Kränkung, Demütigung und wahnhafte Verzerrung der zwischenmenschlichen Signale soll nun anhand des »Briefes« nachgezeichnet werden. Es sei dabei nochmals daran erinnert, daß es sich um eine krisenhafte Zuspitzung handelt, bei der lange Zurückgestautes losbricht.

Das auslösende Moment ist die Nachricht vom Tod des Chefs der Konkurrenzfirma: sie führt zu einer traumatischen Regression, also einer Rückkehr zu infantilen Erlebnismustern, und läßt sich am ehesten mit der frühkindlichen Situation vergleichen, wenn sich das Kind in letzter Not, nachdem alle Beziehungsversuche zur Mutter gescheitert sind (oder auch zu männlichen Personen in der als mütterlich erlebten Firma), an eine rettende, alternative männliche Figur wendet und diese im Moment des Hilferufs sich verweigert, das Angebot mißversteht, versagt oder, wie in diesem Fall, sich umbringt. Das Ende des Tages konfrontiert Horn also nicht nur mit der tristen Bilanz der vergangenen Jahre, sondern plötzlich auch mit der Schuld und der unmittelbar folgenden Strafe für seinen »Ausbruchsversuch«. Obwohl er seinen Brief an Stierle geheimgehalten hat, fühlt er sich ertappt, schämt sich und vermutet eine gesteigerte Feindseligkeit und Abwendung bei den andern. Im Grunde hat er den realen Kontakt zu ihnen schon zu Beginn der Gedenkminuten abgebrochen und ist in eine Innenwelt der sensitiven Verzerrung aller zwischenmenschlichen Wahrnehmung zurückgekeht. Er kämpft von der ersten Sekunde an mit seinen und den phantasierten Phantasien der andern.

Es beginnt mit der winzigen Szene bei der Tür am Ausgang des Konferenzzimmers, in das Thiele seine Mitarbeiter gerufen hat. Im Grunde seines Herzens möchte Horn angesprochen und getröstet werden, wiedereingesetzt in die

Rolle dessen, dem sich der Chef vor langen Jahren immer anvertraut hat. Die regressiv wiederauflebende Hoffnung ist sehr stark, so daß Horn seine ganze psychische Kraft braucht, durch sein Handeln das Gegenteil zu beweisen. Er benimmt sich so, als seien die andern nur mit ihm beschäftigt und könnten seine Gedanken lesen. Er ist also bereits regrediert auf die Stufe eines Kindes, das dem magischen Denken verhaftet ist, alle Gesten auf sich bezieht und den Eltern in bezug auf seine inneren Vorgänge Allwissenheit zuschreibt. Gleichzeitig sieht er, wie Thieles Sekretärin ihrem Chef einen weißen Faden vom Anzug entfernt. Horns Wahrnehmung wird so wiedergegeben, daß der Leser sein rapides Schrumpfen und Thieles plötzliches Anwachsen zu übermenschlicher Größe fühlt. Er flieht wie in Panik in sein Büro, aber Sekretärin und Putzfrau sind jetzt so bedrohliche Zeugen seines kompletten Selbstverlustes, seiner endgültigen Niederlage, daß er sich nur durch Schweigen und Täuschung und erneute Flucht entziehen kann. Das vorherrschende Gefühl dürfte eine unmäßige Scham über die Summe seiner Niederlagen sein. »Sobald er im Auto saß, hätte er am liebsten keine Bewegung mehr gemacht« (S. 12).

In dieser tiefen, verzweifelten Verlorenheit greift er, zu Hause angekommen, wie in Trance nach dem Bild von Liszt und starrt es an, als ob von ihm Heilung ausgehen könnte. Er ist sich der Tatsache, daß Liszt in der Firma längst im Fallen ist, ebenso bewußt wie der, das Liszts Ehe in demütigender Weise zu scheitern scheint und er an der Schwelle zum Alkoholismus steht. Diese Tatsachen sind es im Grunde, die Horn überhaupt erst wieder Hoffnung machen, er könnte von dem riesigen, gnadenerweisenden Objekt, auf dessen Platz er Liszt geschoben hat, jetzt doch noch als Verwandter oder Gleicher akzeptiert werden. Er ist bereits so verzweifelt, daß er das Heil von der Karikatur seines früheren Ideals erbetteln möchte.

Er will Liszt anrufen. Doch vor dem Telefonhörer kommt es nur zu einem letzten, verzweifelten Aufbäumen, zu einem phantasierten gierigen Griff nach Zusammenarbeit und freundschaftlichem Gespräch mit Liszt. Die Regression ist stärker. Daneben wächst das Bedürfnis, wie dumpf und rachsüchtig auch immer, nach Klärung, ebenso das Verlangen, sich endlich nicht mehr verstellt und entstellt zu zeigen. Und so ruft er nicht an, sondern beschließt: »Aber lieber allein als in einer alles verschmierenden Freundschaft« (S. 27). Die Unfähigkeit, Liszt, zur Verhinderung einer wahnhaft durchschriebenen Nacht, einfach anzurufen, enthält also ein progressives Moment: sich nicht mehr anzubiedern, zu korrumpieren, sondern der absurd erscheinenden inneren Wahrheit zum Durchbruch zu verhelfen. Über dem ganzen Brief leuchtet, im Gegensatz zur »verschmierenden Freundschaft«, die Eigenständigkeit nicht erlaubt, die Utopie einer Freundschaft, die von verstehender Solidarität getragen wäre und einen inneren Raum gewähren könnte, aus dem heraus die inneren und äußeren Deformationen gemeinsam zu besichtigen wären. Indem Horn sich zu dem langen Brief entschließt, akzeptiert er auch das Ausmaß von innerer Arbeit, die ihn erst fähig machen würde, Freundschaft zu schließen oder Phasen der Einsamkeit zu ertragen ohne Panik und den Drang, sich dem nächstbesten Chef oder Vorgesetzten an den Hals zu werfen. Soweit ein Monolog dies leisten kann, ist es ein Monolog der Emanzipation, der Abnabelung, der Trauer um untaugliche Versatzstücke zur Komplettierung der eigenen Psyche. Er wird seelisch wirksam, weil er ein Mitteldding ist zwischen Dialog und Monolog: der andere bleibt spürbar präsent, umworben, bekämpft; seine Antwortlosigkeit wirft den Schreibenden auf sich selbst und seine inneren Abläufe zurück, die er doch immer wieder dem anderen begreiflich zu machen versucht. Die Antwortlosigkeit von Liszt gleicht der relativen Antwortlosigkeit des

Psychoanalytikers, der die Übertragung anwachsen läßt, bis er sie in einem günstigen Augenblick dem Patienten mitteilen kann und damit die Fähigkeit zur Unterscheidung fördert und zur allmählichen Abwendung des Patienten von den die Realität überlagernden Projektionen aus der frühen Kindheit. Horn muß in seinem Brief insofern Doppelarbeit leisten, als er die vermuteten Antworten von Liszt selbst finden muß. Sie sind meistens so kränkend, daß sie Horn in seinem Distanzierungsprozeß vorantreiben.

Der große Verlust

Horn beginnt den Brief mit seinem neugierigen Interesse an der Kleidung Liszts und Einzelheiten seiner Ausstattung. Es mischt sich eine Spur homoerotischer Schlüpfrigkeit in diese Ouvertüre, ein unter-die-Haut- oder mindestens in-die-Falten-der-Kleidung-Kriechen, so daß man sich auf eine falsche Fährte gelockt sieht. Denn sehr bald wird deutlich, daß es sich mehr um eine narzißtische als eine homosexuelle Beziehungsform handelt, bei der »anschmiegen«, »bewundern«, »solidarisieren« eine Rolle spielen (S. 30). Bei der Rekapitulation des Streits am See wird unmittelbar danach deutlich, wie gut Horn verstanden hat, daß der Streit einen endgültigen Bruch mit sich gebracht hat. Der Brief dient also nicht so sehr der Aussöhnung als der Verarbeitung des Verlustes von etwas Unwiederbringlichem, das ihn vor das Nichts oder einen absoluten Neubeginn stellt, zu dem er sich aber erst die Kraft erarbeiten muß durch Trauer und Distanzierung:

»Erst am nächsten Vormittag dämmerte mir, was ich angerichtet hatte« (S. 32). Horn ist einige Tage benommen und versucht, das Ereignis zu verleugnen. »Ich ließ mich mir nicht nahekommen. Den ganzen folgenden Tag ließ ich nicht mehr als eine Ahnung zu« (S. 32). Dann läßt es sich nicht mehr verleugnen: der Streit hat die Wucht eines Todesfalls, eines endgültigen Abschieds, ja eines Mordes: so wie ein kleines Kind und später ein narzißtischer Patient den Ausbruch aus der narzißtischen Verstrickung wie einen Mord, verbunden mit dem eigenen Untergang, erlebt: »Der Streit mit Ihnen hallt in mir nach als eine Folge von Schlägen. Jeder dieser Schläge drückt einfach aus, daß es jetzt leer ist. Ich habe Sie nicht mehr. Ich werde Sie nie mehr haben. ... Es ist, als hätte ich Sie umgebracht. Für mich habe ich Sie ja umgebracht« (S. 32).

Gleichzeitig wird es Horn erbarmungslos klar, wie einseitig seine Beziehung ist. Diese Einsicht läßt Liszt gleich wieder anwachsen in eine Position des moralisch im Recht befindlichen, urteilenden, Strafe und Gnade verwaltenden Menschen mit einer Verbindung zu göttlicher Größe. Liszt verschmilzt für Horn mit höheren Prinzipien. »Sie handeln sozusagen nie im eigenen Namen und Interesse, sondern immer um einer höheren Sache willen« (S. 34). Das Schweigen Liszts wird zum bedrohlichen Schweigen Gottes.

Bis zum ersten Postskript handelt der Brief von einem Ringen um die Frage: wer wen anklagen und wer die erhabene Position des Opfers einnehmen darf. Verwirrt fragt sich Horn, wie er zu der Behauptung kommt, Liszt hätte an ihm »das Gemeinste verübt«, was er konnte, begreift es nicht und hat doch recht: Liszt hat ihn die schmerzlichsten Erfahrungen seiner Kindheit noch einmal wiedererleben lassen (S. 34). Das Ende des Briefes bringt einen spürbaren Gewinn an Selbst-Betonung, ja herausfordernder Drohung. Beides fällt allerdings, als zu instabiles Ergebnis eines ersten Aussprechens, sofort in sich zusammen, als er nach Liszts Bild greift. Die typische Euphorie des rasch belebten Größenselbst nach der ersten kräftigen Meinungsäußerung faßt Walser meisterhaft im Bild des tanzenden Mondes zusammen: Horn holt eine zweite Flasche Wein, »zündete sich eine Zigarre an und rauchte und trank und sah dem jungen Mond zu, der versuchte, sich vom Allgäu abzustoßen und in den Himmel zu springen« (S. 35). Der Katzenjammer folgt auf dem Fuße. Sich selbst überschätzend greift Horn zum Foto, spürt sofort, daß es falsch ist, kann aber davon nicht ablassen. »... er mußte das tun, was ihm am unangenehmsten war: diesen Dr. Liszt anschauen. Und solange er ihn anschaute, war es ein Sieg Liszts über ihn« (S. 35).

Er kehrt also in die Abhängigkeit zurück, entnimmt aber der Demütigung darüber die Kraft zu einem neuen Klärungsversuch. Es taucht eine Erinnerung an einen Streit in einer Gaststätte in Hamburg auf, der sich abspielt, als Liszt gerade sieben Jahre im Betrieb ist, Horn längst ausgebootet hat und eben unter der Wucht seiner eigenen Ausbootung durch einen Neuen und der Krise seiner Ehe taumelt. Liszt, selbst eine narzißtische Persönlichkeit, aber viel eher zur Selbsttäuschung und gekonnter Selbstaufblähung bereit als Horn, wirbt damals im Fallen um Horn, baut aber in seine Werbung so viele demütigende Aspekte ein, daß er an Horn sozusagen vorbeisegelt. Horn schreibt:

»Mir taten Sie zwar auch leid, aber bevor ich Sie streicheln würde, müßten wir über den Tagesordnungspunkt *Unerledigtes* sprechen. Ich will sagen: ich wehrte mich gegen die Versuchung, Sie zu streicheln« (S. 40).

Horn hofft auf die entlastende Feststellung der Ähnlichkeit des Stürzenden mit dem längst Gestürzten, doch Liszt will selbst im Fallen noch imponieren. Aus dem gemeinsamen Durchschauen der »Gesellschaftsphysik« könnte Freundschaft erwachsen. »Aber bevor wir uns, weinend vor Gemeinsamkeit, in die Arme fielen, mußte ich noch jene paar Punkte erledigen ...« (S. 42). Gemeint ist: die Aufarbeitung der Kränkungen, die Liszt anerkennen und bedauern müßte. Da er dies nicht tut, mobilisiert Horn seine ganze Schadenfreude, er wird ganz kalter, überlegener, erbarmungsloser Zuschauer.

Für beide Männer ist die Fiktion der Unersetzlichkeit bei Thiele, also die Verschmelzung mit dem Chef, der sie braucht, gleichzeitig die Quelle der Kraft zur Aufrechterhaltung der Ehe. Es ist, als ob ein Stück des männlichen Rückgrats oder, psychoanalytisch gesprochen, ein Stück prästruktureller, narzißtischer Substanz ihnen entzogen würde, wenn sie die Gunst verlieren, so daß sie eine sofortige Schwächung ihrer männlichen Identität erleiden. »Ich trennte mich, als Sie (Liszt) kamen, von meiner Familie. Ihre Familie trennt sich ... jetzt von Ihnen« (S. 42). Dabei ist Horn in der erinnerten Szene vollkommen unfähig, sich angemessen zur Wehr zu setzen. Liszt nimmt ihm die Uhr ab, um sie zielsicher und zum Staunen der Bedienung in den Mülleimer zu werfen. Es wird, neben aller Wut, eine fast zärtliche Hörigkeit Horns spürbar, die, wie er hofft, vor seiner Familie geheim bleiben wird. »Ich dachte, hoffentlich kommt jetzt nicht gerade Hilde herein« (S. 37). Noch einmal taucht, inmitten von Horns enttäuschtem Rückzug, die sehnsuchtsvolle Werbung auf: »... hätten Sie gesagt: Franz Horn, ich bin jetzt auch so weit! Wir gehören zusammen! dann wäre ich Ihnen entgegengesunken!« (S. 46). Die Zwillingsphantasie hätte sich verwirklicht, und sei es im Leiden, im geteilten Schicksal des Abstiegs.

Der Wechsel in der Mobilisierung der verschiedenen narzißtischen Positionen erfolgt fast rhythmisch: nachdem Horn die letzte Zurückweisung als Leidenszwilling beim Schreiben noch einmal erlitten hat, gerät er in der schreibenden Gegenwart fast automatisch in die Position des höhnischen Größenselbst, das auf den eben noch Umworbenen mitleidig-verächtlich herabsieht. Er entlarvt Liszt als einen »moralischen Narzißten« und fragt schadenfroh, ob Liszt bereits die Veränderung der Stimme des Chefs beim Telefonieren mit ihm aufgefallen sei. »Man kommt sich unwillkürlich als etwas Lästiges vor, das auch noch die Frechheit hat, sich gegen ein rasches Abgeschütteltwerden zu wehren. Kennen Sie diesen Ton, mein Lord? ... Ich, ein Thiele-Kenner, kannte diesen Ton schon, bevor ich ihn auf mich angewendet hörte« (S. 48). Eben noch knieweich vor Sehnsucht nach Anlehnung und Verschmelzung, ist Horn nun wieder höhnischer Beobachter der Bewegung, mit der Liszt in den Abgrund der Ungnade taumelt.

Horn gerät bei der Erinnerung an den Spaziergang zur Haltnau, wo es dann zur entscheidenden Auseinandersetzung kommt, wie in Wellenlinien noch einigemale in eine euphorische Verschmelzungsstimmung, gegen die er ohnmächtig ist. Es kam beim Blumenpflücken und Kartenlesen zu einer bubenhaften Heiterkeit, die Horn so mißversteht, als wolle auch Liszt die Freundschaft. »Meine Wohnung, sagten Sie und zeigten auf das Weinbergtürmchen am Ende unseres Wegs. Für mich klang es wie *Unsere Wohnung*. Ich weiß, daß Sie es so meinten« (S. 52). Da Liszt vor dieser Art von Nähe wohl eher Angst hat, kommt es zur nächsten Demütigung. Doch Horn ist, trotz des Stichs, süchtig nach Gleichheit. »Als wir von dem kleinen Bauwerkchen hinabbogen zur Haltnau, waren wir ein Herz und eine Seele« (S. 54). Obwohl Horn durchaus spürt, daß Liszt gegenüber dem aufgekratzten Horn einfach ein Stück herablassende Leutseligkeit mobilisiert, taumelt Horn, wie in einer Ahnung der kommenden Kälte und Einsamkeit, weiter auf ihn zu, er gleicht jetzt einem Süchtigen, der die innere Leere um jeden Preis mit dem Stoff der Verschmelzung anfüllen muß. Bei der Ankunft im Restaurant: »Ausgangslage also fast wie in Hamburg, dachte ich. Aber heute war ich ein anderer. Ich würde heute keine Bedingungen stellen. Ich verlangte keine Genugtuung mehr. Endlich war ich bereit, mit Ihnen bedingungslos auszukommen« (S. 55). Es gibt eine Vorahnung von Trennung und Spaltung, die mit ihrer verschiedenartigen Kleidung begründet wird, die aber, auf einer tieferen Schicht, mit der bevorstehenden Ankunft von Thiele zu tun hat, von dessen souveränem Chef-Wort später Horns Überlebenschancen abhängen werden. Er versucht also instinktiv, die Verbündung und seelische Fusion mit Liszt festzumachen, bevor sie durch unterschiedliche Gnadenerweise des Chefs wieder zerstört werden können. Horn geht jetzt einer totalen Regression entgegen: am schönsten für ihn wäre es, vereint mit Liszt, siamesischen Seelenzwillingen gleich, dem Chef an die Brust zu sinken, der in der beginnenden Trennungspanik von Horn ins Grotesk-Großartige emporwächst.

Der Chef als grandioses Objekt

Daß beide, Horn und Liszt, nicht mehr mit den Füßen auf der Erde stehen, wird bald deutlich: »Wir redeten, als säßen wir in einer Plastikkneipe. Wir redeten natürlich über Thiele« (S. 56). Horn, in seiner zunehmenden Leere, ißt zuviel. »Ich gebe zu, daß mein Existenzgefühl immer öfter nur noch im Zuvielgegessenhaben besteht. Ich mag das« (S. 57). Vom Essen kommt die Rede auf Thieles Verdauung, die zum Symbol seiner vitalen Mächtigkeit wird. Thiele ist das pralle Selbst, von Zweifeln unberührt, von göttlicher Selbstzufriedenheit. Eine isolierte Körperfunktion wird Horn zum Zeichen der Auserwähltheit, an der er, am liebsten verbunden mit Liszt, staunend und zugehörig teilhaben möchte. »Ich wollte nicht auftrumpfen mit meinem Wissen über Thieles Verdauung. Sie sollten nur wissen: Einmal am Tag und einmal in der Nacht kann er sich entleeren. Verstopfung kennt er nicht. Das geht bei ihm wie geschmiert« (S. 57). Horn wird erneut abgewiesen. Sowohl die Zwillingssehnsucht bleibt also unbeantwortet als auch die Sehnsucht nach gemeinsamer Sohnschaft beim gewaltigen Chef: »Sie fühlten sich durch die Mitteilungen über

Thieles Verdauung zu keiner Einigung mit mir eingeladen« (S. 58). Im Gegenteil: Liszt benutzt den Annäherungsversuch Horns wiederum zu einer geringschätzigen, wenn auch noch humorvollen Abwendung. Die erneute Kränkung erhöht im Untergrund Horns Bitterkeit, zumal er, wie in noch tieferer Regression, der Phantasie verfällt, nicht er könne zusammen mit Liszt mit dem Chef verschmelzen, sondern er bleibe bei der seelischen Fusion der beiden anderen ausgeschlossen: »Ich spürte nur die Provokation. ... Sir Arthur und Lord Liszt, die Verdauungsgenies der westlichen Welt. Euch gegenüber: Verstopfungsmärtyrer Horn. ... Sie und Thiele, *das* Verdauungspaar schlechthin!« (S. 58). Das Demütigende für Horn ist, daß er das Groteske seiner Regression genau spürt und sich dem Sog der seelischen Gewalten doch nicht entziehen kann. Das Wogen der narzißtischen Besetzungsenergien ist bis zu dem Punkt gediehen, wo er mit verzweifelt leerem Selbst zusehen muß, wie Liszt sich, in der Phantasie, durch Verschmelzung volltanken kann.

Sein letzter Versuch, sich in gemeinsamem seelischen Voyeurismus der Verdauungsmächtigkeit Thiele anzunähern, ist gescheitert.

Wie nach dem Brief entsteht auch nach diesem ersten Postskript eine Pause. Das Pendel schlägt erneut zur Besetzung des rachsüchtigen Größenselbst um, weil er Unverständnis, Ablehnung und Demütigung so intensiv nacherlebt hat. Daß es sich um elementare seelische Vorgänge handelt, die Horn durchläuft, wird an seiner Verfassung deutlich. Er ist außer Atem. »Jetzt hatte er das Gefühl, er habe eine ganze Zeit lang überhaupt nicht mehr geatmet, auf jeden Fall nicht mehr richtig geatmet« (S. 60). Es wird ihm deutlich, daß nicht nur keiner etwas von ihm weiß (was beim Ausmaß seiner Tarnung nicht verwunderlich ist), sondern daß er auch nichts von den anderen weiß, sie also wirklich nur Projektions- oder Übertragungsfiguren sind.

Die Pause schließt mit der Drohung: »Lord Liszt und Sir Arthur sollten ihren Franzl Horn kennenlernen« (S. 61).

Ähnlich wie in einer Psychoanalyse verschiebt sich nun das Ziel der Mitteilungen: nach der stürmisch herausgeschleuderten Wut entsteht ein ruhigerer Raum für die Ortung der eigenen Person; aus lediglich rachsüchtiger Aufrechnung, aus der ewigen Wiederholung der frühen Wünsche und der Reaktionen auf Zurückweisungen bildet sich ein Wunsch nach Mitteilung und Selbstdarstellung als dem Beginn des Selbst-Werdens. Horn wird sich bewußt, daß er bis dahin als Person nicht wahrgenommen worden ist. Es setzt ein schmerzhafter Erkenntnisprozeß ein, bei dem aus dem Nebel der Selbsttäuschung ganz allmählich ein mit sich selbst ausgesöhntes Subjekt hervorgehen könnte, das sich den Mechanismen der unkontrollierten Anlehnungs- und Verschmelzungsbedürfnisse entzieht.

Langsam, aber zielstrebig arbeitet sich Horn vor zu einer Diagnose des Chefs und einer präzisen Beschreibung der unterirdischen Vorgänge der Buchung und Verteilung von Erfolg, Ansehen und Initiative, also dem Wogen der narzißtischen Besetzungen innerhalb der ganzen Firma. Die Angestellten müssen dafür sorgen, daß das narzißtische Gleichgewicht von Thiele erhalten bleibt. »Er muß an sich glauben können« (S. 64). Deshalb findet Horn es zunächst auch richtig, daß Thiele zentral die Anerkennung und die Gnade verwaltet: »Und Thiele teilte mir dann davon zu, was er für angemessen hielt. Nicht daß er uns nichts gönnte! Es darf uns nur durch niemanden als durch ihn zukommen« (S. 64). Je leerer sich Horn im Lauf der Jahre durch seine Ausbootung werden fühlt, desto verklärter, wenn auch selbst verbittert, sieht er Thiele als das universale Kraftzentrum: »Ja, ohne Thiele stürzte alles! Ja. Thiele hält die Chose in Gang! Wir zwei – der Trinker und der Schläfer – müssen gottfroh sein, daß Thiele unentwegt Lust hat. ... Schließlich ist Thiele der Kraftquell der Firma. Und verschwendet sich in so vielen Betten. ... ohne Fliegen kann er sein. Ohne immer neue Mädchen nicht. Was ich für Vergeudung hielt, ist in Wirklichkeit Energiequell« (S. 98f.).

Horns Hymne gleicht einer Apotheose des narzißtisch vollkommenen Chefs. Darunter vollzieht sich der zwischen Werbung, Drohung und Verachtung pendelnde Kampf um den Abglanz in den Abhängigen. Er wird über einige Jahre so geführt, daß Thiele Liszt wegen seiner »Unbestechlichkeit« als einen Beurteiler aller anderen einsetzt. Horn ist also immer wieder davon abhängig, wie Liszt ihn bei Thiele beurteilt. Thiele hat diese Funktion des Urteilens delegiert. Als Liszt dieses Urteilen in geringschätzige Veralberung abwandelt, regrediert Horn zum ersten Mal so weit in seiner Demütigung, daß er sinnlos herumschreit und sich immer tiefer in die Lächerlichkeit wühlt. Er kann nicht mehr verhindern, daß der archaische, nur noch ridiküle Größenwahn aus ihm herausbricht: »Ich mag Qualität! Brüllte ich. Alles hat Qualität! Es gibt überhaupt nur Qualität! Schrie und brüllte ich. Besonders wenn es um Menschen geht! Es gibt nur Genies! Das weiß ich!! Ich habe es erlebt und erlebt!!« (S. 68). Wenige Jahre zuvor hatte *er* einen früheren Mitarbeiter auf ähnliche Weise einer endgültigen Lächerlichkeit preisgegeben. Später mußte er einsehen, »daß ich nur tat, was Thiele wollte. Er wollte Herrn Ochs lossein« (S. 96). Er glaubte zu handeln und war doch nur eine Marionette an den Drähten seiner Identifizierung mit Thiele.

Die Rekapitulation seines Auf- und Abstiegs in der Firma bedeutet zugleich die wachsende Einsicht, daß er süchtig war nach Verschmelzung mit dem Chef. Als er dann ausgebootet wurde von Liszt, wurde er süchtig nach Anerkennung und Freundschaft mit dem Konkurrenten. Mit bitterer Dankbarkeit erwähnte er, daß er durch den Konkurrenten zu weniger archaischen Formen der Abhängigkeit fortgeschritten ist: »Ich wäre, wenn Sie nicht gekommen wären, sicher ein hundertfünfzigprozentiger Kleinthiele geworden« (S. 98). Das verlorengegangene Paradies der Ur-Verschmelzung zur Frühzeit des Familienunternehmens wird noch einmal beschworen: »Ich bin nicht als Hierarchist auf die Welt gekommen. Ich habe Herrn Thiele nie über mir gesehen. Zuerst war ich so etwas wie sein Einundalles. Er setzte mich ein, wo er mich brauchte« (S. 70). Horn lebt damals unbemerkt in einer Beziehung zu Thiele, die Kohut als die wie selbstverständliche Einbeziehung des andern bei der spontanen Spiegelübertragung beschreibt: eine Trennung in zwei Personen wird gar nicht wahrgenommen, die Interessen und Eigenschaften des einen erscheinen auch die des Andern, es entsteht eine Art mächtiger Doppelperson, verbunden mit einer leicht euphorischen Grundstimmung.

Es passiert die Katastrophe: »Dann entdeckte er Sie. Von da an wußte ich, daß ich keine Qualität bin, sondern eine kleine Nummer, der brave Depp, unser guter Franz, bzw. Franzl« (S. 70). Der Absturz ist gewaltig, das leere Selbst taumelt und sucht, verfrüht, Halt in einer gewissen Distanzierung, die allerdings eine ideologische Absicherung in der Annäherung an einen kommunistischen Betriebsrat braucht. Es vollzieht sich nun zwischen dem haltsuchenden Horn, der sich abwendet, und dem Chef, der ihn fallenläßt, etwas, was sich zwischen Mutter und Klein-Kind vollzieht, wenn die Individuation mißglückt. Das Kind hält verletzt und enttäuscht Ausschau nach neuem Halt, die gekränkte Mutter erträgt es nicht und fängt an, das Kind zu verfolgen, durch Verbote oder Verurteilungen, die die Abwendung vereiteln oder mit Vernichtung bestrafen. »Ich ging, zu meinem Schutz, auf Distanz. Undankbarkeit! hieß es. Ich wurde politisch. Thiele erklärte mich sofort zum Kommunisten. Ich wurde zusammengeworfen mit dem Vorarbeiter ... der ... als *kommunistischer Saboteur* bezeichnet wurde. ... Thiele wurde brutal. Sie wurden spitz«

(S. 70). Die narzißtisch verletzliche Mutter kann es nicht zulassen, daß das Kind, obwohl es ersetzt wird, zu einer unabhängigen Existenz findet. Die Folgen sind verheerend: es gibt seine Individualität auf. »Ich gab die Suche auf. Ich kroch eurer Vernunft zu Kreuze. Ich fügte mich. Erleichterte mich. Sie und Thiele sollten recht gehabt haben. Jetzt und in Ewigkeit. Der Instant-Effekt: das Sichfügen milderte den Druck des vorher Unerträglichen. ... Wer mitmacht, kommt sich frei vor« (S. 70f.). Dieser Verzicht auf ein eigenes, lebendiges Selbst, vielmehr, die Besiegelung der Zerstörung der Hoffnung, führt zu Horns Trennung von der Familie. Er kommt sich dort vor wie ein Fremdkörper, der seine Gewalttätigkeit nicht mehr kontrollieren kann. Um sich in der Firma halten zu können, opfert er seine Persönlichkeit. Die damit verbundene untergründige Wut kann er in der Firma nicht mehr zeigen, sie würde ihn der Lächerlichkeit preisgeben. Er kann sie nur noch zu Hause äußern, und da er sie als zerstörerisch erlebt und vermutlich auch als unangemessen, zieht er sich zurück.

Von nun an beobachtet er in bitterer, stummer Einsamkeit Aufstieg und langsamen Fall von Liszt, immer noch getragen von der demütigenden Hoffnung, er könne eines Tages mit dem steigenden und fallenden neuen Erzengel des Firmengottes wieder verschmelzen. Beim Kampf um die Gottesnähe kommt es zu grotesken Situationen: Liszt schwindelt ihm vor, daß er mit Thieles Gattin häufiger frühstücke. Obwohl Horn weiß, daß sie in Wirklichkeit verreist ist, kann er der spielerischen Angeberei in seinem regressiven Neid doch nichts entgegensetzen. Seine Wahrnehmungskraft läßt ihn im Stich, und später muß er beschämt erkennen, daß sein totaler Mangel an Humor ihn erneut in eine Falle gelockt hat. Je humorlos erbitterter er streitet, desto mehr wachsen Liszt spielerische Fähigkeiten zu, auch dies ein Beispiel für das rasch wechselnde Delegieren und Projizieren von Fähigkeiten und Eigenschaften. Will man Franz

Horn nicht einfach für einen tragischen Tölpel halten, der sich sinnlos in einer Serie absurder Demütigungen suhlt, so hilft nur weiter, ihn, bei erwachsener Intelligenz, als den immer wieder in seinen Idealisierungsbedürfnissen abgewiesenen kleinen Jungen zu sehen, auf dessen verzweifeltes Niveau er sinkt. Er sieht zwar noch, daß der Alkohol Liszt aufbläht und seine Selbstzweifel schwinden läßt, bis er in dummes Bramarbasieren gerät. Horns innere Leere und sein Bedürfnis nach Anlehnung sind aber so groß, daß noch die ausladenste, dumpfeste Selbstgewißheit des Gegenübers genügt, um ihn zu korrumpieren, den anderen zu bewundern, sich an seine Brust zu sehnen. Er muß also erleben, wie sein Verstand und seine klaren Gefühle hinweggespült werden von der angetrunkenen Stimme Liszts, der sich spottend weidet an der infantilen Verzweiflung Horns. Hier liegt die Glaubwürdigkeit noch bei einem übermächtigen Objekt: wenn es Dinge behauptet, die nicht stimmen können, dann kann sich Franz Horn nicht einfach distanzieren, sondern er gerät in einen inneren Verzweiflungskampf, weil sein gesamtes Selbst, seine narzißtische Integrität, von den falschen Behauptungen bedroht werden. Die regressive Verstrickung ist schon daran abzulesen, daß er nicht einfach sagen kann: reden wir doch von etwas anderem als von diesen angeblichen Frühstücken! Er ist fixiert auf die Angebereien von Liszt, durchschaut den Schwindel beinahe und muß doch wie ein verwundetes Tier ums Überleben kämpfen.

Verletzung und Rache

Auch die Schlafstörungen der narzißtisch Gestörten, oder besser Verwundeten, fehlen nicht. Sie entstammen jenem mörderischen inneren Dialog, in dem sich Selbstanteile, die nicht in die Gesamtperson integriert sind, endlose Gefechte liefern und ein zu schwaches Ich ständig bedrohen: »Wenn ich morgens zwischen zwei und drei aufwache, ist es, als habe in mir ein Unruhiger, Wütender, Ängstlicher, Gieriger, Nervöser schon die ganze Zeit darauf gewartet, daß ich endlich aufwache. Bist du endlich wach, ruft er und legt sofort los. Es gibt kein Problem, das er mir dann nicht herholt, zuspitzt, entzündet« (S. 79). Im Schlaf müssen die Kämpfe um Anerkennung, Nähe, Verschmelzung, Isolierung, Demütigung und Verachtung innerlich ausgetragen werden. Es gibt dort keine rettende äußere Figur, an die man sich anlehnen könnte und die ein Teil der fehlenden Struktur ersetzt. Ein geschwächtes Selbst sieht sich einem Trommelfeuer von Reizen und Anklagen ausgesetzt, gegen die es sich nicht abschirmen kann, weil es innere Abschirmung nie gelernt und die beruhigende Nähe gelassener Elternfiguren nie verinnerlicht hat.

Das Ende des langen zweiten Postskripts bringt, in Form des kurzen dritten, wieder eine gewisse Beruhigungspause, die Schilderung eines fast manischen Gegenbildes zu den niedergedrückten Verlierern: die immer und überall singende Sekretärin. Horn verbindet die Vignette allerdings, wie zur Vorbereitung seiner weiteren Geständnisse, mit einem Seitenhieb auf Liszt, indem er ihn wissen läßt – schadenfroh natürlich –, daß sich sein Trinken im Betrieb allmählich herumspricht. Es ist ein weiterer Hieb zur Trennung, der allerdings sofort auch die Verschmelzungssehnsucht wieder weckt: »Aber mir, dem Schläfer, wären Sie durch dieses Trinken nur herzlich nahe gerückt. Schade, daß wir uns trotzdem verfehlten« (S. 81). Unverkennbar gibt es einen inneren Fortschritt in Horn: das wuchtige Imperfekt in »verfehlten« deutet darauf hin, daß er die Trennung wirklich ins Auge zu fassen beginnt.

Dafür spricht auch der zu Beginn der vierten Fortsetzung ausgesprochene Wunsch, Liszt möge auf keinen Fall antworten. Horn hat verstanden und akzeptiert, daß das

Schreiben nicht mehr Kommunikation mit dem Adressaten, sondern eine innere Arbeit geworden ist, Bekenntnis, Selbstbetrachtung, Anklage und Absolution von eigenen Gnaden: »Ein Brief wird nicht beantwortet –, das ist, als schließe sich ein Fenster, durch das bisher nur Lärm hereinkam, von selbst. ... Würden Sie antworten, müßte ich fürchten, Sie glaubten, ich hätte Ihnen geschrieben, um eine Antwort zu bekommen. Das sähe fast schon aus, als sei ich auf Ihre Absolution angewiesen.«

Wahrlich eine vertrackte Situation, und doch einer plausiblen Logik folgend! Wäre Liszt nicht selbst gestürzt worden, Horn hätte den Mechanismus seines Verfallenseins nie durchschaut. Mehr noch: »Selber hätte ich mich von meinen Unterlegenheitsgefühlen nicht heilen können« (S. 82). Die Idealisierung hätte über den Verstand gesiegt. Er muß dies sogar eingestehen, obwohl doch ein Teil seiner jahrelangen Vorbereitungsarbeit für die Trennung vom versklavenden narzißtischen Objekt in einer Buchführung über dessen negative Eigenschaften bestand. Die Wahrheit, die er fand: auch Liszt ist, hinter seiner Fassade, ein gewöhnlicher Egoist. »Aber mit welchen Verbrämungen!«

Horn steigt tiefer in die Selbstbezichtigung. Seine Tagebücher sind *Rachekalender*. Durch einige Jahre hindurch hat er sein Gesicht gewahrt, die Selbstachtung gerettet durch die phantasierte Rache für jede Kränkung. »Etwa so: ich werde beleidigt, fast feierlicher Eintrag der Beleidigung ins Heft, Entwurf der Genugtuung, Einsicht in die momentane Machtlosigkeit ...« (S. 83f.). Das Kind, das auf kontinuierliche Verletzungen seiner Integrität und Selbstachtung nicht angemessen reagieren, sondern sie nur speichern kann in einer stetig sich ausweitenden Phantasie einer Zerschmetterung seines Feindes, ist deutlich spürbar, auch in seiner Angst, sein Zorn könne versiegen und es verlöre sein Gesicht endgültig. So wie der Ordnungstick, den Franz von seinem Vater übernommen hat, nicht einer klassischen

Zwangsneurose entstammt, die der Triebabwehr dient, sondern ein Zwangssymptom ist zur Bannung der Leere, des inneren Chaos und der Depression, so spürt man in der jahrelangen Bindung Horns an Personen, von denen vorwiegend Kränkungen ausgehen, eine Art moralisch-narzißtischen Masochismus. Die Bindung ist ebenfalls nicht triebhaft (an eine Person, die quält), sondern narzißtisch: an eine Person, die demütigt und die frühen, gegen das lebendige Selbst gerichteten Kränkungen der Eltern widerspiegelt. Atmosphärisch denkt man bei dieser Bindung an den Demütiger eher an Facetten der Beziehung zur Mutter, die sich an dem Kind Franz, das ihr Leben zerstört hat, auf subtile Weise rächt, selbst wenn sie es gleichzeitig, zu ihrer eigenen Erhöhung, narzißtisch besetzt und durch seine späteren Leistungen Genugtuung fordert. Es sind dies zum Teil die widersprüchlichen Stimmen, die in die Schlaflosigkeit führen und eine ruhige, selbstbewußte Initiative nicht zulassen.

In der Rekapitulation der Ereignisse auf der Haltnau leistet Horn nun schwere und minutiöse Detailarbeit. Das gravierendste Ereignis ist der Anruf, daß Thiele wegen der Flaute nicht kommen werde. »Daß einer nicht kommt, macht ihn kostbarer als er ist. ... Es gibt Wirkungen, für die reichen die Ursachen nicht aus« (S. 85f.). Horn hatte sich nämlich von der Ankunft der mächtigen Figur eine Beruhigung, ein den Boden-Wiederfinden erhofft, auch eine Reduktion der für ihn nicht mehr kontrollierbar wuchernden Größe von Liszt. Liszt seinerseits muß auf Thiele, wenn auch in anderer Weise, gezählt haben. Er hätte Horn mit anklagenden Witzen dem Spott Thieles ausgeliefert und wäre gerettet gewesen. So sucht er am nächsten Tisch ein neues Objekt der Verbrüderung mit einem Höheren, den »Professor«, dem er sich anbiedert und vor dem er Horn demütigt. Liszt sucht und findet ein Publikum, das seinen vom Alkohol intensivierten Aufplusterungsbedürfnissen scheinbar entgegenkommt. »Der Professor hört Ihnen zu.

So etwas merken Sie. Mir war es peinlich. Ärgerlich. Offenbar war ich für Sie zu wenig Publikum« (S. 89).

Das Ausbleiben des grandiosen Thiele zwingt Horn erneut, um den fast schon innerlich erledigten Liszt zu werben. »Ich sah eine Gelegenheit, Sie wieder mit mir ins Gespräch zu bringen. Ich war bereit, Ihnen, was bis jetzt passiert war, nicht anzurechnen« (S. 90). Dann bricht aber hinter dem guten Vorsatz, der der plötzlichen Angst vor Vereinsamung entstammt, das angestaute Rachebedürfnis durch, und Horn rekapituliert eine Orgie der aufgestauten Vorwürfe, des »Hinreibens«, die sich über zwei Seiten hinzieht. »Zeit und Ort konnten nicht unpassender sein als sie es waren. Aber ich konnte nicht mehr aufhören. Endlich war ich dran!« (S. 91). Die Differenz zwischen dem Versuch einer Aufarbeitung im Streit und der Nacharbeit im Brief, der Rekapitulation der mißlungenen Rekapitulation, wird hier besonders anschaulich. In der realen Auseinandersetzung mit dem Gegner-Freund ist Horns Meer von Groll nicht mehr, ohne schwere Nachfolgeschäden, auszuschöpfen. Horn versucht es und endet im Katzenjammer, der schließlich den langen Brief auslöst. Er hat in den dazwischen liegenden zehn Tagen ein Maß von Distanz zu sich gefunden, das nur mit dem fast apokalyptischen Erschrecken über das Geschehen zu erklären ist. Zehn Tage nach dem vollkommen blind geführten Streit vermag er sich und seiner Geschichte, wenngleich unterbrochen von Schüben ungemildert lodernder Gefühle, zuzuschauen und die Reste seiner Selbstachtung und seiner unzerstörten Selbstkerne zu sammeln.

Er findet Satz drei und Satz vier seiner »Gesellschaftsphysik«: »Zwischen Konkurrenten ist Freundschaft nicht möglich«, und, dem noch hoffenden Liszt an den Kopf geschleudert: »Zwischen Chef und Abhängigen gibt es menschliche Beziehungen nur zum Schein« (S. 92). Seine eigene Trennung von Liszt wird mit diesen Einsichten weiter gefestigt.

Das Faszinierende an Walsers Text ist, daß er auch sprachlich quasi trieft vom Geist der narzißtischen Neurose: kein Wort, das nicht fiebert vor Mißtrauen, Rachsucht, lauernder Beobachtung, anmaßender oder demütigender Aggressivität, vor allem von selbstquälerischer Umständlichkeit in den reflexiven Passagen, von hartem Stakkato dort, wo das Klima von Schlägen, Stichen, unerwarteten Verletzungen wiederzugeben ist. Oft sind die Worte und Sätze wie Schlingpflanzen, die sich um das im Dickicht endloser Verletzung lauernde Subjekt ranken: bald versucht er sie zu entflechten, bald haut er mit Messer und Hacke um sich, immer den Durchblick zum andern suchend, und immer klarer erkennend, daß der andere, Liszt, nie wirklich nahe war, sondern in seinem eigenen Dickicht wütet, während Thiele, gleich einem Halbgott, als geflügelter Chef hoch über dem Dschungel kreist. Das Gift der Selbstverachtung tropft aus den Sätzen. Daß der narzißtisch Verletzte sein drückendes frühes, zum Trost, nicht zur Führung gebildetes Ich-Ideal nie erreicht, macht ihn so erbarmungslos scharfsichtig seinen eigenen Schwächen gegenüber. »Wüte doch weniger!« möchte man Horn manchmal zurufen; ihm die scharfen Waffen der Selbstbezichtigung entwinden, sein auf die Peiniger und das eigene Versagen starrendes Auge ablenken. Aber dies sind schon die Wünsche des therapeutisch engagierten Lesers. Noch schwelgt Horn, Thiele gegenüber, im Postskript VI in der Bitternis nicht erwiderten Liebe und Bewunderung. Wo Horn immer sicherer wird, daß Liszt von Thiele abfällt wie ein vertrocknetes Blatt, kann er selbst wieder von Thiele schwärmen, als säße er ihm noch, besitzerhaft stolz, auf dem Schoß:

»Seine Fähigkeit, an nichts zu glauben als an sich selbst, ist inzwischen zur Lieblingstugend der Epoche geworden. Thiele war also in seiner vollkommenen Selbstbezogenheit seiner Zeit weit voraus« (S. 103).

Horn hat sich nie wirklich als Angestellter gesehen, sondern, ganz im Sinn der frühen Verschmelzung, als ein Teil von Thiele. »Aber er hat auch mehr von sich verlangt als jeder andere, den ich kennengelernt habe. Ich habe ihm – so beeindruckt – fast zwanzig Jahre lang gestattet, mich als Untergebenen zu behandeln. Ich dachte: woher soll er wissen, daß ich kein Untergebener bin.« Idealisierendes Einssein muß von innen kommen, freiwillige Regung des kindlichen Subjekts sein: »Ich ertrage keinen über mir, es sei denn, ich hätte ihn selber dahin gesetzt. Thiele hatte ich diesen Platz eingeräumt. Auf Zeit. Ihnen nie« (S. 105).

Es wäre also im Grund falsch zu sagen, Horn sei durch und durch subaltern, selbst wenn er sich, heimlich zähneknirschend, äußerlich so verhält. Es handelt sich um eine wirkliche Wahl, freilich eine infantile, und die psychische Struktur zerfällt, wenn die Bindung, in der es keine Reifung, keine Entwicklung zu Autonomie und Individuation gibt, in die Brüche geht. »Erst als Sie dazukamen und mich distanzierten, wurde ich empfindlich, argwöhnisch, rachsüchtig und alt und werde täglich empfindlicher, argwöhnischer, rachsüchtiger, älter« (S. 105). Im Grunde wird noch in der Karikatur deutlich, daß Horn Thiele psychisch besetzt hatte auf der Ebene der Märchenwelt von Königen und Fürsten. Es scheint etwas durch von der Phantasiewelt der ledigen Mutter vom Lande, die nur durch Zufall in eine graue Ehe mit einem Maurer gelangt ist. Horns Sarkasmus, mit der er von der Dynastie Thiele spricht, gilt einem inneren Bild vom Reifegrad der Regenbogenpresse. Der Sohn wird als »Thiele III« eingeführt, auszusprechen als »Thiele der Dritte«, und als er Thiele III mit Thiele II »in Seglerkluft über den sonnenheißen Platz zugehen« sieht, kann er sein Auto nicht mehr verlassen, »so sehr traf mich dieser Anblick« (S. 108). »Mir blieb, gestatten Sie, die Spucke weg. Obwohl es schön war, zwei so geglückte und wohl auch glückliche Männer in der Sonne gehen zu sehen, verfinsterte mich der Anblick vollkommen. Ich war ihm nicht gewachsen« (S. 108). Es überschwemmt ihn ein Neid, der ihn sprachlos macht: Vater und Sohn, erfolgreich, stolz aufeinander, von der Sonne beschienen, das ist die Idealverbindung, in die er sich hineinsehnt und der gegenüber die Zwillingsphantasie mit Liszt eine blassere, realitätsnähere, aber ebenso unerfüllbare Ersatzhoffnung ist.

Trotzdem: Als die Vater-Sohn-Phantasie sich noch einmal voll entfaltet und zwangsläufig in bitterem, neiderfülltem Verzicht endet, steigt wie zum Trost die Zwillingsvorstellung wieder auf, quasi als Schutz vor der Nähe zum großen Chef, der bald auf seinem Boot »Chemnitz III« heranrauschen soll. »Sie ahnen ja nicht, daß ich, als wir miteinander der Haltnau zuwanderten, daran dachte, Ihnen dort das DU anzubieten. Irgendwie, so meine Idee, hätten wir nachher auf der *Chemnitz III* einen besonderen Stand bei ihm, vor ihm, gegen ihn, wenn wir per Du wären« (S. 109). Dann fällt rechtzeitig der Wermutstropfen in die so schwer aufgebbare Phantasie, er hält sich vor Augen, daß Liszts Beliebtheitsgrad im Betrieb noch steigt und er Horn schon bald wieder heruntermachen würde, um den eigenen Rang zu halten. Und dann kommt verletzter Stolz zu Hilfe beim nächsten Schritt der Verselbständigung:

»Ich stehe nicht mehr zu Verfügung. Distanz! Distanz! Distanz! Das spüre ich jetzt wie ein Element, das mich tragen könnte. Distanz! Endlich Halt! Endlich Festigkeit! Durch Distanz! Und wenn's ein Wahn wäre! Herr Gott konservier ihn mir! ... Einen Augenblick nicht bei euch angetroffen zu werden, ist unschätzbar. Auf einen zweiten solchen Augenblick hoffen zu können, ein Kraftquell« (S. 111).

Das läßt an elementarem Pathos nichts zu wünschen übrig, streift natürlich das Groteske, weil es, in den Worten des Erwachsenen, nur das Aufstampfen des zurückgewiesenen Kindes mit dem Fuß ist, und doch berührt es wie die Wehen zu einer Neugeburt. Gott soll Zeuge sein! Und da alles eigene Überleben noch so ungewiß ist, spürt man die Todesnähe, in der ein dermaßen verletzter Mensch immer lebt: »In einem solchen Augenblick sterben, das wär's« (S. 111). Hinter der drückenden Fassade des falschen Selbst taucht für einen Augenblick, mit stolzer Geste gezeigt, der halb wirkliche, halb ersehnte Kern einer eigenständigen Existenz auf, Horn sieht noch keinerlei reale Zukunft für sich, sondern erfährt die eigene Entfaltung als unmittelbare Todesnähe. Dies hängt damit zusammen, daß die Preisgabe des lebendigen Selbst bereits vom Kind als eine Art seelischer Tod erlebt wird. Taucht er, wie hier bei Franz Horn, nach langem Verlust gleich einer Ahnung wieder auf, so bedeutet das Sterben das Festhalten der Hoffnung, das lebendige Selbst könne damit gerettet werden, quasi im Stadium des Neuaufkeimens und ohne die elementare Angst, es werde im Lauf der Zeit unter den gleichen unsäglichen Schmerzen wieder verloren gehen. Der englische Psychoanalytiker Winnicott führt Selbstmord zum Teil auf den Wunsch zurück, wenigstens im Sterben das verschüttete Selbst zu erhalten.

Verfolgung und Mißtrauen

Nachdem Horn den Zusammenhang von Verlust und Wiederfinden des Selbst mit dem Sterben so deutlich erlebt und ausgesprochen hat, kann er auch das Grundgefühl der Verfolgung zulassen und ausdrücken, und zwar einer Verfolgung, die nicht, wie in der triebpsychologischen Ableitung der Paranoia, von latenten homosexuellen Bindungen gespeist wird, sondern von befürchteten Angriffen auf das eigene Selbst. Das kürzeste Postskript Nr. VII führt also in einem weiteren Geständnisschritt zum paranoiden Kern seiner Existenz, zum Grundgefühl seines Daseins unter Menschen, das nicht erst aus der Firma stammt, sondern aus frühester Kindheit. Das Postskriptum ist lapidar, ein Paukenschlag, Horn schutzlos der Verächtlichkeit preisgebend, weil ein elementarer Affekt die Realitätskontrolle überspült: »Nicht daß sie glauben, ich hätte den Eindruck, alle verschwörten sich gegen mich. Es ist auch viel überzeugender, daß verschiedene – manche kennen einander nicht einmal – ohne jede Verabredung gegen mich wirken. Konzentrisch sozusagen. Also, Distanz, Franzl! Ergebenst, Franzl« (S. 111).

Beim narzißtisch Gestörten, der mit seinem realen Selbst oft nicht mehr im Kontakt ist und sein Größenselbst, seinen Kleinheitswahn, seinen Groll, Neid wie seine Verschmelzungssehnsucht dauernd verbergen muß, wird schließlich jede Geste zur Taktik. Franz Horn ist seit Jahren in keiner Geste mehr authentisch. Dieser Dauerschmerz der Schauspielerei führt mit zu seiner kontinuierlichen Erschöpfung, zur zunehmenden Verunsicherung, ob die andern ihn überhaupt noch wahrnehmen. Er lebt auf einer inneren Bühne, die die Umstände aber mit wirklichen Personen und wirklichen Situationen füllen. Als der Bayer-Gesandte in die Firma kommt und ihn zur Mitarbeit zu gewinnen sucht, kann er nur noch Theater spielen: »Ich machte die totale Zustimmungspantomime. Er durfte glauben, mich ganz und gar für sich eingenommen zu haben« (S. 112).

Es kommt, im Zuge der Begegnung zweier komplett »falscher Selbsts« (Winnicott), zu einigen privaten Treffen. »Bei uns fühle er sich am wohlsten, sagte er. Ich benehme mich jedesmal so, daß genau dieses Ergebnis erzielt werden muß« (S. 113). Das Groteske in diesem Rollenspiel ohne Boden darf nicht darüber hinwegtäuschen, daß es die künstliche Beziehungswelt des narzißtisch Gestörten exakt widerspiegelt. Die Irritation des Lesers, der dies alles für übertrieben hält und sich zu langweilen beginnt, rührt daher, daß er, unter glücklicheren Umständen, solche Phasen der Verletzlichkeit besser überstanden hat und die eigene Anfälligkeit für solche Manöver zur Überbrückung unerträglicher Einsamkeit vergessen kann. Horn radikalisiert nur Möglichkeiten des Grotesken in jeder formalisierten Interaktion, wie sie durch ein Zurücktreten des Selbst hinter Ritualen zustandekommt. Mit der Erbarmungslosigkeit dessen, der sich nichts mehr vorzumachen braucht, resümiert Horn:

»Ich glaube, niemand hat zu dem neuen Machthaber einen so guten Kontakt wie ich. Ohne daß ich es plante, habe ich alles getan, um mich gut zu stellen mit ihm. Meine Instinkte funktionieren, ich staune. Trotzdem fahre ich zusammen, wenn ich dem Bayer-Gesandten im Gang oder auf dem Hof begegne« (S. 114).

Der narzißtisch Verwundete lebt in der Angst, ertappt, angegriffen oder vernichtet zu werden. Soweit er dem magischen Denken verhaftet geblieben ist, fürchtet er, der andere sei im Bilde über das Ausmaß seines Grolls wie seines Wunsches nach Verschmelzung, seiner Rachsucht wie seiner distanzlosen Anschmiegsamkeit. Es ist freilich kränkend und unterminiert das Selbstgefühl noch zusätzlich, daß das Wahnhafte seiner sozialen Wahrnehmung bewußt bleibt, aber nicht mehr korrigiert werden kann.

So wie eine realistische Einschätzung der eigenen Motive verloren geht oder von einem generalisierten Selbstverdacht überwuchert wird, so geht die Fähigkeit zur wirklichkeitsnahen Einschätzung fremder Motive verloren. Horn steigt auch hier in die Tiefe seiner neurotischen Deformation, bekennt sich zu seinem Wahn, ja, proklamiert ihn als Hellsicht und eignet ihn sich auf diese Weise an, statt sich seiner zu schämen. »Thiele will aber nur noch von Leuten umgeben sein, die nicht wissen, daß er ein Haarteil trägt« (S. 115). Das wird mit solcher Überzeugung vorgetragen, daß man eine Weile überlegt, ob es denkbar ist, daß der Chef bei der Auswahl der Mitarbeiter tatsächlich sich von solchen Kriterien leiten lassen könnte. Franz Horns Detailbeobachtungen über das Verhalten des Chefs vor und nach dem Erwerb des Haarteils lassen dies in der Tat als möglich erscheinen. Dann, nachdem man sich der eigenen, wahnhaften Regression als Leser bewußt geworden ist, sieht man wieder klarer und erkennt: hier wird, aus einer hilflosen seelischen Orientierungslosigkeit heraus, Motivforschung bis an den Rand des Absurden getrieben, um in dem Chaos der Kränkungen wenigstens eine plausible Ordnung zu finden.

»Ich sah ja direkt zu, wie er versuchte, einen nach dem anderen von denen, die Bescheid wußten, loszuwerden. ... Und dazu gehören Sie auch. Der helle Wahn, werden Sie sagen. Vielleicht werde ich das, wenn es wieder Tag ist, selber sagen. Aber das ist es doch, daß Tageslicht, Vernunft usw. im Dienst sind. Gekauft, bestochen« (S. 117).

Franz Horn erlebt sich hier als endgültig gespalten: es gibt eine Tagesrealität, in der er als unabhängiges Selbst gar nicht mehr vorkommt, und eine vom Wahn bedrohte Nacht-Person, die er als authentisch, aber außerhalb einer mitteilbaren Realität stehend erlebt. Um nicht verrückt zu werden, greift der narzißtisch Gestörte in der Regel zum Mechanismus der Derealisation und der Depersonalisation. Horn betont immer wieder, daß er plötzlich überhaupt nichts mehr fühlt.

Der Brief als Selbstanalyse

Nach jedem Eingeständnis einer weiteren Deformation in seiner Charakterentwicklung kann Horn sich einen Schritt vorwagen in der Rekapitulation des Streits auf der Haltnau. Der Streit ist Ouvertüre für den Prozeß der Loslösung, Verdichtung aller Lebensthemen, ein letzter Versuch, die narzißtische Wunde *innerhalb* einer Beziehung zu heilen. Als dies mißlingt, begibt sich Horn sozusagen in Selbstanalyse. Ein Teil dieser Arbeit ist ein Lebensgeständnis, der andere Teil die Klarstellung der Verlaufsform des endgültigen Streites. Die beiden Ebenen der Analyse wechseln sich ab. Die Natur als gespenstisch-dramatischer Hintergrund beim Zerbrechen der Verschmelzung mit Liszt ist ebenso einbezogen wie die Deformation von dessen Bild zum Geheimnisvollen, Religiösen. Das Zerbrechen der narzißtischen Bindung gibt der Szene die Farben eines grellen Alptraumes: »Hätten Sie doch auf den See gesehen! Der lag, als sei schon alles zu Ende. Wie nach einer Weltkatastrophe lag er. Kein Wasser mehr. Geschmolzenes Blei. Schon ganz violett« (S. 118). Liszt, weit weniger aufgewühlt, bemerkt von all dem natürlich nichts, sondern bramarbasiert weiter vor sich hin. Horn dagegen:

»Mir kamen Sie ägyptisch vor. Wirklich. Wie eine Tiergottheit. Hinter Ihnen, das aus gar allen Farben zusammengezogene Gleißen des Gewitterlichts. ... Wie ein Krokodil saßen Sie mit Ihrem langen Rücken am Tisch. Fremd. Attraktiv. Bewundernswert. Nie würde ich so sitzen, so reden können. Und hinter Ihnen, das immer giftigere Gewitterlicht. Es war zum Beten« (S. 118).

Liszt spürt natürlich, daß er in den Strudel der Projektionen hineingerissen wird, kann dem aber aus eigener Kraft kein stabiles Selbstbild mehr entgegenhalten. Er muß den ausbleibenden Thiele wie den sich von ihm befreienden Horn ersetzen durch die sich steigernde Anklammerung an den weintrinkenden Professor. Die folie à deux erweitert sich unter der Intensität der stürmisch verlaufenden Besetzungsverschiebungen zu einer folie à trois, der sich der zunächst unbeteiligte Professor kaum entziehen kann. Er findet den Ausweg aus der regressiven Wahnwelt erst, als seine Frau oder Freundin ihn findet und aus dem die Realität auflösenden Warten befreit. Für die Regression, in die er hineingezogen wurde, rächt er sich mit einem vernichtenden Wort: »Provinzclowns«, so, als hätte sein Eintritt in die gemeinsame Verrücktheit nicht unmittelbar bevorgestanden. Aber selbst diese *beide* Männer betreffende Demütigung führt Liszt nicht solidarisch zu Horn zurück. Liszt scheint die Selbstdemontage und die von ihr ausgehende Einladung zur Selbsterkenntnis mehr zu fürchten als die offensichtliche Prostitution vor der passageren Übertragungsfigur des rätselhaft bleibenden Professors. Er zerreißt also das letzt-mögliche Band der Solidarität mit Horn, das die gemeinsame Demütigung hätte bieten können. Liszt macht, obwohl er beleidigt worden ist, eine Verbeugung! Horn ist in seiner Wahrnehmung viel nüchterner. »Ich fühlte mich blamiert« (S. 123). Der letzte Verrat Liszts gibt die Kraft zum Abschied: »Taxi! riefen Sie. Da hatte ich die einzig schneidige Idee an diesem Tag. Ich rief: Für mich auch eins! Ich glaube, das saß. Sie fühlten sich getroffen. Zum ersten Mal an diesem Tag zeigten Sie Wirkung. Sie drehten sich theatralisch weg, bargen ihr Gesicht in der Armbeuge. ...Kein Wort fiel mehr zwischen uns« (S. 124).

Einen so dramatischen Bruch zugunsten seiner Selbstachtung hat Horn sicher noch nie in seinem Leben begangen. Er ist vielmehr immer auf subtil-demütigende Weise verlassen worden oder sah andere spöttisch auf Distanz gehen. Natürlich enthält die pathetische Wucht, der dröhnende Abgang aus einer mißlungenen Männerfreundschaft, auch ein groteskes Moment: »Ich schaute nicht zurück. In mir ging es mindestens so zu wie draußen auf dem See. Der wilde Wetterglanz auf den hohen runden Wellen entsprach mir. Lauter kraß gleißende Kürasse trieben in schwerer Eile von Westen her. Als sei irgendwo eine Riterschlacht gewesen« (S. 125). Hier entgleist nicht, wie weiter oben bereits angedeutet, Walsers Prosa, sondern die sprachliche Integrationsfähigkeit von Franz Horn, der nicht mehr so recht unterscheiden kann zwischen innen und außen.

Daß dieses Pathos zugleich real und angemessen ist für die inneren Stürme, dabei aber ein regressives, vom Subjekt durchaus diffus als lächerlich wahrgenommenes Moment enthält, kommt in der unmittelbar folgenden Szene zum Vorschein: der Held der großen, narzißtischen Ritterschlacht wird zum ängstlichen, scheuen Heimkehrer, der vergeblich ein Schlupfloch zum Einstieg in sein eigenes Haus sucht, von den Nachbarn als Einbrecher verdächtigt wird und doch nur »im Dunkeln sitzen und über diesen Tag mit Ihnen nachdenken« will (S. 126). Dort sitzt er einige Zeit, bis Frau und Kinder aus der Oper nach Hause kommen. Wie bereits nach dem Hamburger Streit kommen sie aus einer kulturellen Veranstaltung, die sie tief ergreift und aufwühlt. Seine Frau selbst hat sich, während er von der Familie getrennt war, zu einer geachteten Sängerin entwickelt. Horns zunehmender narzißtischer Entleerung in der Firma entspricht nämlich in der Entwicklung der Frau und der Kinder eine Zunahme an Lebendigkeit und Spontaneität, die ihn, obwohl es nicht ausdrücklich formuliert wird, spürbar beunruhigt. Die Assoziationen laufen von dieser mitternächtlichen Lebendigkeit der Familie hin zu Erinnerungen an gewalttätige Ausbrüche von Liszt ihm gegenüber, und noch einmal flackert beim Schreiben, lange nach Mitternacht, die Hoffnung auf die brüderliche Einigung auf in einer Solidarisierung in der Wut auf die Verhältnisse:

»Aber diese Ihre Gewalttätigkeiten sind es, die mich hoffen lassen. Darin sehe ich, daß Ihr Tändeln und Blödeln und Hänseln, Ihre scheinbar unbeirrbare und unerreichbare Leichtigkeit nicht alles ist. In Ihnen murrt auch einer. Hoffe ich. Immer wieder. Immer noch. Vielleicht ist es überhaupt nichts als Unglück, was Ihnen ein solches Gewicht, also eine so große Anziehungskraft verleiht. Sie beherbergen (vielleicht) ein Unglück, das schwerer ist als alles, was mir bis jetzt vorgekommen ist« (S. 127).

Horn sucht immer noch den Gefährten für seine Befreiung. Die Hoffnung auf eine Solidarisierung mit den Gefühlen, die Horn hinter Liszts aufflackernder Gewalttätigkeit vermutet, gibt aber seiner plötzlichen Ahnung von einem großen Unglück, das Liszt »beherbergt«, noch keinen Sinn. Die seelische Bewegung, die Horn hier vollzieht, läßt sich meiner Meinung nach überhaupt nur sinnvoll deuten, wenn man sie mit einem raschen, regressiven Durcheilen verschiedener früherer Beziehungsformen in Zusammenhang bringt. Die brüderliche Einigungs-Hoffnung in der Wut wird von den »Gewalttätigkeiten« mobilisiert. In dem »In Ihnen murrt auch einer« scheint eine Ebene tieferer Verstimmung angesprochen. Es ist also zu vermuten, daß unmittelbar hinter der Zwillingsphantasie eine viel tiefere, unbewußte Bindung an das Bild des Vaters auftaucht, dahinter dann, mit dem namenlosen Unglück, das der frühen Mutter. Kohut beschreibt diese Überlagerung der Übertragungen, die sich bei ihrer therapeutischen Reaktivierung manchmal rasch abwechseln können, folgendermaßen:

»Bei der Einschätzung der idealisierenden Übertragung stellen wir jedoch häufig fest, daß die therapeutische Wiederbelebung vergleichsweise später Phasen der idealisierten Elternimago (eine präödipale oder ödipale traumatische Enttäuschung eines Sohnes an seinem Vater zum Beispiel) auf dem tieferen Fundament einer frühen, nicht in Worte faßbaren Enttäuschung an der idealisierten Mutter beruht, die Folge der Unzuverlässigkeit ihrer Einfühlung und ihrer depressiven Stimmungen sein kann, oder sie mag sich auf ihre körperlichen Krankheiten, ihr Fernsein oder ihren Tod beziehen« (S. 74).

An Liszt handelt Horn also nacheinander mehrere fundamentale Beziehungsformen ab, die von idealisierten, grandiosen männlichen Aspekten zu den realistischeren Momenten der Zwillingsphantasie reichen, und schließlich hinüber zu der Sehnsucht nach Verschmelzung mit einem

Objekt, das durch »ein Unglück, das schwerer ist als alles«, seine Anziehungskraft gewinnt.

Ausgangspunkt für alle diese wechselhaften Beziehungsformen zu Liszt, die zunächst im Leben der Firma erprobt, dann in der Verdichtung des Streits und schließlich in dessen Rekapitulation im Brief noch eimal durchlebt werden, ist, um es noch einmal zu wiederholen, die Urenttäuschung durch den Chef, der ihn aus seiner wohligen Existenz als rechte Hand heraus fallen läßt durch die Bevorzugung von Liszt. Oder, mit einer Formulierung von Kohut über den typischen Analyseverlauf nach der Etablierung einer stabilen narzißtischen Übertragung:

»Da das narzißtische Gleichgewicht des Analysanden von seiner narzißtischen Beziehung zu einem archaischen, narzißtisch erlebten, prästrukturellen Selbst-Objekt abhängt, wird die Störung des Gleichgewichts hier im Wesentlichen durch bestimmte äußere Umstände verursacht. Ist die Übertragung ungestört, so fühlt sich der narzißtische Patient so lange ganz, sicher, mächtig, gut, anziehend, aktiv, wie sein Selbsterleben den idealisierten Analytiker einschließt, den er mit einer selbstverständlichen Sicherheit zu kontrollieren und zu besitzen meint. ...« (S. 113)

Die anklammernde Verzweiflung, mit der sich Horn über mehrere Jahre mit Liszt auseinandersetzt, und die Dramatik seiner Trennung von ihm werden nur verständlich, wenn man seine Hinwendung zu ihm ansieht als einen mit letzter Kraft unternommenen Versuch, nach dem Verlust des grandiosen Selbst-Objekts Thiele nicht ins Leere zu fallen, eine Gefahr, wie sie im Verlassen der Familie und dem Selbstmordversuch durchaus als real erscheint.

Mit der erzwungenen Trennung von Thiele endet eine vorwiegend männlich orientierte, idealisierende Vaterübertragung, gleichzeitig aber auch die identifikatorische Verschmelzung mit der als mütterlich erlebten Firma.

Dies führt zu Horns jahrelanger Selbstisolierung, verbunden mit dem Versuch, zu Liszt eine Zwillings- oder alter-ego-Beziehung zu etablieren, ein Wunsch, der auch erhalten bleibt, als er Liszt stürzen sieht: die Zwillingsphantasie verändert sich dabei lediglich in Richtung der Verbrüderung der gescheiterten Männer mit ihrem gemeinsamen, wütenden und resignierten Durchblick durch die Firma und die »Gesetze der Gesellschaftsphysik«. Als Liszt sich dem entzieht, kommen in einer weiteren Regression zunächst der polternde Vater, dann die depressive Mutter mit dem unsagbaren Unglück zum Vorschein, das übrigens, zu Beginn noch unverständlich, schon bei der Betrachtung von Liszts Foto angedeutet ist: »Weil Liszts Augen auf diesem Bild die dicken Gläser entbehrten, sah er schutzlos aus, entblößt. Aber auch anziehend. So unbewehrt« (S. 19).

Wie in einem geträumten Familienroman tritt anhand der gerüchteweise angedeuteten Ehegeschichte von Liszt der ganze, von Horn als Kind ja nur erahnte Hintergrund einer Eheschließung der Mutter zum Schein und zur Rettung des Namens zutage, aber in einer sadistischen Umkehrung: nicht mehr sucht eine ledige Mutter einen ungeliebten Mann, damit das Kind einen anständigen Namen bekommt, sondern der Vater verweigert der Familie, die ihn verläßt, seinen Namen:

»Auch Ihre Kinder sollen Ihren Namen nicht mehr führen dürfen. Wie kämen Sie dazu, sollen Sie gesagt haben, Menschen Ihren Namen zur Verfügung zu stellen, die mit Ihnen nichts mehr zu tun haben wollten, ja, die sich Ihrer offensichtlich sogar schämten. Sie seien sowieso immer schon gegen Namensausdehnung auf andere gewesen« (S. 127).

Das sind die aus der Tiefe aufsteigenden unbewußten Phantasien der Mutter, die, zur Legalisierung ihres Kindes, auf den eigenen Namen zugunsten eines ungeliebten verzichten muß, weil sie den Namen des wirklichen Vaters nicht führen darf und sich dadurch bestraft und entwertet fühlt.

In der tiefen Regression, in die Horn beim Nacherzählen

seiner beschämten Rückkehr zu seinem verschlossenen Haus gerät, berührt er also kurz seine Urbeziehung zur depressiven Mutter. Das wirbelt ein Gerücht über Liszts Ehe in ihm hoch, wo es um Namensgebung und Verstoßung geht; Liszt, der Verlierer, versucht, sich durch einen narzißtischen Salto Mortale, nämlich durch die Aberkennung des Namens für die, die ihn verlassen, zu retten. Diese Regression zur depressiven Mutter führt so nahe an die Selbstdestruktion, an die Gefahr des Verschlungen-Werdens vom frühen Objekt, daß Horn vorübergehend verrückt wird und, vergleichbar Hamlet, anfängt, irre zu reden, sozusagen in hellseherischem Wahnsinn: dem sonderbaren Professor Eggteil wird auf geheimnisvolle Weise geraten, eine Psychoanalyse zu machen, da er ja keinen Lord Liszt hat, »dem er alles beichten könnte« (S. 129). Lord Liszt ist also, in zunehmender nächtlicher Verwirrung, für Horn zum Beichtvater geworden, keine reale Figur mehr, sondern einer, der Absolution erteilen kann. Gegen diese in einem früheren Stadium des Briefs abgelehnte Phantasie setzt jetzt eine halluzinierende Phantasie eines Zwillingspaares von hölzernen Heiligen ein, die gemeinsam im aufgewühlten Bodensee treiben und die verrückte Utopie einer unbeirrbaren Zusammengehörigkeit in allen Stürmen des Lebens darstellen: »Wie harmonisch müssen sie durch alles Unwetter geschwommen sein, daß sie beieinander blieben und miteinander gesehen und geborgen werden konnten ... einträchtig ...« (S. 131). Dann bricht mitten in der Halluzination wieder bittere Ernüchterung durch, wie in einer Wellenbewegung von Hoffnung und Vereinsamung: »Aber mit jemandem, der einem zur Analyse rät, bleibt man ausgeschlossen von der Eintracht der Gebirgsheiligen« (S. 131).

Gegen Ende der Nacht werden die Schwankungen zwischen Distanzierung und Rückfall, zwischen Wut und Trauer, taumelndem Alleine-Gehen und Verschmelzungssehnsucht immer heftiger, ja, es scheint plötzlich, als sei der Erfolg der ganzen Arbeit durch eine Verschlimmerung des Zustandes in Frage gestellt. »Aber warum schreibe ich Ihnen? Ich mag Sie, hätte ich beinahe gesagt. Ich sage Ihnen lieber: Ich mag Sie ganz sicher nicht. Nicht mehr« (S. 132). Das ist der Versuch einer endgültigen Kündigung der Zuneigung. Trotz der Trauer steht Horn zu der Trennung. Der Streit auf der Haltnau war ein »Wahrheitsanfall«. »Die Wahrheit habe ich gesagt. Ich nehme nichts zurück, aber ich bedaure alles« (S. 132). Noch muß Horn wirklich aushalten, daß ihn jetzt auch moralische Mißbilligung trifft, wenn er sich endlich entschließt, aufrichtig zu sein. Die Scham über die jahrelange Mimikry war eine hohe Barriere gegen die Offenlegung seines Innern. »Dieser Horn gestattet es sich, abwehrende Gedanken zu haben. Und die behält er auch noch für sich. Jahrelang. Ins Gesicht hinein tut er einem freundlich, aber tief innen stinkt er vor Ressentiment. Ja, sogar Haß kommt da heraus« (S. 133).

Die Selbst-Findung eines narzißtisch Gestörten, der der Umwelt, wenn auch in heimlichem, ihn immer stärker isolierenden Groll, ein angepaßtes falsches Selbst hingehalten hat, führt nur über die schockartige Enttäuschung derer, die mit seinem falschen Bild gelebt hatten. Die Angst vor diesem Schritt verlangsamt oder verhindert oft genug ohne äußere Hilfe den Durchbruch, weil die frühkindliche Gewißheit eines totalen Liebesverlustes wieder auftaucht. Horn hört Liszt sagen, daß er ihn, Horn, doch auch mochte. »Das stimmt insofern nicht, als Sie ja nur den mochten, der sich Ihnen prompt anpaßte. Sobald aber der herauskam, der ich bin, war es aus. Sie haben nur das Mimikry-Produkt geschätzt, das ich Ihnen bot« (S. 134).

Hier arbeitet sich das Kind, auf fast lebenslangen, leidvollen Umwegen, aus der narzißtischen Verstrickung mit der zu wirklicher Wahrnehmung unfähigen Mutter heraus und sucht nach einem Halt in dem Taumel, den es in der Nacht nur im Schreiben findet. »Ich werde fortfahren, mich in Trennung zu üben« (S. 134).

Es droht noch einmal der totale Rückfall, weil sich Horn in der Erschöpfung und Leere nicht die Kraft zutraut, einen einzigen Schritt alleine zu gehen. Er resümiert die Summe seiner lebenslangen Resignation: »Ich kann nur noch, was ich gelernt habe. Alles, was ich von selbst konnte, hat sich nicht bewährt. Das mußte weg. Ich bin jetzt, was man gemacht hat aus mir. Ich kann mich der Welt grinsend präsentieren. Da hast du mich. Du wolltest mich so« (S. 135). So spricht ein Mensch, dessen Lebendigkeit sich im Lauf der Zeit reduzierte auf seine Fähigkeit, gerade noch seine endgültige Abdankung zu formulieren. Immerhin, zwei Seiten früher hieß es noch: »Seit ich wieder bei meiner Familie bin, fühle ich mich manchem eher gewachsen« (S. 133). Der Rückfall gehört zur stürmischen Endphase der Selbstanalyse, in der der Erfolg am seidenen Faden zu hängen scheint. Wenn er in die Firma geht, wo er, ausgebootet und gelähmt durch Arbeitsstörungen, nur noch eine Rollenhülse spielt, fühlt er sich, »als habe mich gerade jemand angespuckt«. Der Text spricht gegen Ende mit enormer Intensität für sich selbst, so in dem Epigramm der Ausweglosigkeit: »Oh mein Lord, genau genommen ist es so: meine Sommeranzüge sind häßlicher als meine Winteranzüge und meine Winteranzüge sind häßlicher als meine Sommeranzüge« (S. 136). Todessehnsucht erfaßt ihn, mit der Hoffnung, daß der letzte Atemzug ein Aufatmen sein wird. Alle wirklichen Gefühle sind verlorengegangen. »Ich weine nur noch bei Filmen.«

Das Tempo der Schwankungen steigert sich. Er wünscht sich eine vollkommene Empfindungslosigkeit, kann sich Zärtlichkeit nur noch unter der warmen Dusche vorstellen. Und dann wieder der Anfall von Trauer: »Der Austro-Finne (der Liszt ersetzt hat in der Firma, T. M.) hätte uns zusammenbringen müssen. Oh wie versäumt haben wir diese

Gelegenheit« (S. 138). Dann ein letzter Versuch, Liszt nicht zu verlieren: die Identifikation. Horn schwankt um den Schreibtisch herum. »Es ist Ihr Schwanken, das ich imitiere. Man nennt das das geniale Schwanken« (S. 138).

Die Phantasie, daß die Familie ihn erwartet, fängt ihn auf. Er feiert die Befreiung. »O mein Lord, ich bin jetzt froh. Ich habe es hinter mir. Wir sind getrennt. Ich renne meiner Familie in die Arme. Ich bin froh, daß ich lebe« (S. 139). Dieser Ausruf ist absolut neu in dem Brief und folgt direkt auf die Todessehnsucht. Am liebsten würde er, um sich bei seinen ersten Schritten zur Freiheit abzusichern, nie mehr in die Firma zurückgehen. Dann spürt er, daß ihn die Vergangenheit wieder einholen wird: »Nein, nein, ich komme zurück. Brav, flexibel, ein Statthalter des Unausgesprochenen« (S. 139). Noch ist unklar, ob er zu den Inhalten des Briefes stehen kann, ob die innere Abgrenzung real ist oder nur ein nächtliches Hirngespinst.

Nachdem er noch einmal die Belastungen seiner Abkunft rekapituliert hat, spricht er sich Mut zu, in einer reifen, nüchternen, vorausblickenden Weise, wenn auch, angesichts eines Aufbruchs ins Unbekannte, mit biblischem Ton: »Ich muß Sie lassen, ehe Sie mich segnen. Ich muß mich trennen ohne Genugtuung. Ich muß selbständig werden« (S. 142).

Ruhiger rekapituliert er die Leidensgeschichte seines heimlichen Größenwahns, seiner inneren Spaltung in einen Duckmäuser und einen, der sich mit Robert Bosch oder Nietzsche vergleicht. Zwischen dem ängstigend unwirklichen Größenselbst von einem, der die Welt mit Leistungen verblüffen wird, und dem Versager, der sich bis zur Unkenntlichkeit an das Bild halten will, das die andern von ihm haben, hat er keinen eigenen Platz gefunden. Ein leeres Selbst hat versucht, durch Mimikry ein Wirklichkeitsgefühl zu finden. »Ich wollte zuerst Thiele, dann Sie zum Komplizen meiner Wirklichkeitserschleichung machen« in der

Hoffnung, inmitten der Selbstauslöschung doch noch in der Verschmelzung das eigene Größenselbst zu finden.

Was Walser in wenigen Sätzen mit enormer Präzision formuliert, beschämt den Psychoanalytiker in der Langatmigkeit der klinischen Herleitung: das Kind kann die übermächtigen Elternfiguren nur, wenn es sich allmählich abarbeitet an erträglichen Enttäuschungen, auf eine realistische Größe schrumpfen lassen. Ebenso braucht der Analysand Zeit, Einfühlung und eine Reihe nichttraumatischer Enttäuschungen und Korrekturen am idealisierten Bild des Therapeuten, um aus der narzißtischen Verschmelzung zu einer reifen, erwachsenen Beziehung zu finden. Da Lord Liszt sich nicht stellt, nicht antwortet, sich nicht einfühlt und die Kränkungen, die er zufügt, nicht anerkennt, kann er auch nicht schrumpfen. Dies macht den Hauptunterschied zwischen einer Psychoanalyse und dieser einsamen Selbstanalyse aus. Soll sie gelingen, so setzt sie, analog der Selbstanalyse Freuds, eine schwerere Arbeit voraus als eine Therapie mit der kontinuierlichen Hilfe des andern: »Es ist mir in dieser Nacht nicht gelungen, Sie kleiner zu machen als Sie sein wollen. Lachend, gelöst, mächtig und schwingend reagieren Sie auf alles, was ich sagen kann. Sie sind mir entkommen. Ich habe keinen Atem mehr, kein bißchen Kraft« (S. 144). Anders als bei dem mit dem Patienten zum Zwecke der Heilung verbündeten Therapeuten heißt es von Liszt, der, einer narzißtisch-klammernden Mutter gleich, die Ablösung gar nicht will: »Ihre Aufführung mir gegenüber ist von göttlicher Regellosigkeit« (S. 144), und er trifft damit nur immer wieder Horns »wundesten Punkt«.

Deshalb gibt es von Liszt auch keine »einverständliche« Scheidung, sondern nur eine in Wut, Haß, Trauer und wechselseitiger Verkennung und Beschuldigung. Die Absolution erfolgt gerade nicht. Horn muß sich also einer immer krasser werdenden Geringschätzung und Diagnostizierung beugen, die er antizipiert und gegen die er sich zunächst, ohne Rückhalt an einfühlenden Deutungen, wehrlos fühlt bis hin zur Identifikation mit dem Aggressor, der ihn nicht freigeben will: »Oh mein Lord, ich kann nichts mehr gut machen. Möchte ich auch nicht. Nicht einmal um den Preis der Wiederzurechnungsfähigkeit. Lieber ein auf dem Gesicht liegender, ins Unhörbare vermurmelnder Delirant. Jawohl. Gestatten, Delirant. Gestatten, Katastrophist. Gestatten, Erledigter ...« (S. 145).

Aus der Annahme seiner Abhängigkeit wächst wieder ein Moment der Kraft: »Oh Lord Liszt, mir geht es jetzt gut« (S. 145). Dann kommt noch einmal ein Schwächeanfall: wenn das noch immer mächtige Objekt die Befreiung Horns nicht bestätigt, ist sie vielleicht gar nicht wirklich. Deshalb folgt auf das »mir geht es gut« sofort der flehende Befehl: »Ich verlange von Ihnen, mir das zu glauben« (S. 145). Dann endlich kommt die Verzweiflung, für die er zunächst noch gar nicht genug seelischen Raum hat: »So verloren wie ich bin, kann ich mich gar nicht fühlen« (S. 146). Endlich erträgt er die Einsicht, daß er für immer ein Verwundeter bleiben wird, daß er es zu mehr als einer Schiefheilung vielleicht nie bringen kann, daß ihm wahrscheinlich immer ein Stück stabiler psychischer Struktur fehlen wird. In einer merkwürdigen Umkehrung des Satzes, daß Wunden zwar verheilen, aber Narben hinterlassen, sagt er: »Diese Narben bleiben Wunden« (S. 146).

Die Jahre, in denen er ungeeignete Objekte in die Lücken seiner Struktur eingesetzt hat, sind nicht rückgängig zu machen. Er wird mit schmerzhaften seelischen Phantomgliedern leben müssen. Was in so tiefgreifendem Maße in der Kindheit gefehlt hat, wird nicht nachwachsen und läßt sich in der Konkurrenzgesellschaft nicht durch die Krücken unveränderlicher Beziehungen ersetzen. Denn: Freundschaft unter Konkurrenten ist nicht möglich. »Der Mißerfolg des Konkurrenten ist der Erfolg des Erfolglosen«

(S. 144). Man muß sich also verfeindet trennen. »Unsere Feindseligkeit ist inniger als alle Freundschaften, die ich kenne« (S. 137). Es ist denkbar, daß Horn, nach Trennung und Trauer, irgendwann zur Freundschaft fähig wird. Nur darf er dann die Freunde nicht dort suchen, wo sie, in der Konkurrenz am Arbeitsplatz, von vornherein dazu verurteilt sind, narzißtische Übertragungsfiguren zu werden, Strukturersatz, narzißtische Krücken und Versatzstücke.

Ganz am Schluß scheint es, als könne er trauern. »Ich komme mir verlassen vor. Das ist der Umstand, der alles verschärft. Auch die Wahrnehmung. Sonst käme ich mir weniger verlassen vor« (S. 146).

Es bleibt unentschieden, ob der Brief für Horn ein wirklicher Aufbruch zu einer realistischen Selbstannahme, zu einer Verlebendigung und zu einem Ausbruch aus der Mimikry und den darunterliegenden Vernichtungsgefühlen bringt. Das Ausmaß der Arbeit, die Verlaufsform der Übertragungen in der Firma, ihrer Rekapitulation im Streit und dann im Brief, sprechen dafür. Er ist erschöpft, hat Kopfweh und fühlt sich unerträglich angespannt und von zuckenden Schmerzen durchzogen. Zwar ist die Familie, in die er auch seelisch zurückkehren möchte, eine Hoffnung, doch gibt es noch immer eine totale Abspaltung dessen, was er seiner Frau anvertrauen kann und was nicht. Würde es sich um eine in einem Triebkonflikt wurzelnde Neurose handeln, so wäre es klar, daß er vor Hilde einen abgespaltenen homosexuellen Anteil geheimhält. Denn er sagt: »Sie durfte, was er geschrieben hatte, keinesfalls sehen. Die Vorstellung, sie läse das, war quälend« (S. 147). Vermutlich wäre es leichter, seiner Frau einen abgespaltenen homosexuellen Persönlichkeitsanteil zu gestehen, als dieses Ausmaß einer narzißtischen Verstrickung.

Er sehnt sich danach, sich über den Balkon in ihr Schlafzimmer zu schleichen, sich neben sie zu legen so, daß sie seine Hand im Halbschlaf finden würde »wie etwas, das sie gerade gerettet hat« (S. 148). Noch einmal werden, nach dieser regressiven Phantasie, die Arbeit betont, die hinter ihm liegt, und eine neue Stimmung, die über alles Aufgeschriebene hinausgeht. Dabei hat er Liszt gegenüber von der Stärke, die er jetzt in sich fühlen kann, noch kaum etwas verraten, vielleicht aus Angst, sie könne ihm nicht geglaubt oder aber wieder weggenommen werden. Horn genießt es jetzt, daß er wird Distanz halten können, obwohl es ihm keiner zutraut. Mit einem gewissen Stolz sagt er sich, als er zum zwanghaften Ordnen seines Materiallagers hinübergeht, daß er etwas Einmaliges hinter sich gebracht habe, an das er sich immer werde erinnern können. Es bleibt spürbar: er wird seine Zwänge weiter brauchen, um ein instabiles Selbst vor der Fragmentierung zu schützen. Es erleichtert ihn, voll Pedanterie vor dem Besuch bei der Mutter seine Stimmübungen zu machen. Im Morgengrauen wagt er es dann schließlich doch noch, Lord Liszt anzurufen, allerdings ohne ihn anzusprechen. Er holt sich die Bestätigung für die geglückte Trennung. »Er fühlte sich jetzt doch sehr wohl. Der Brief an Lord Liszt hatte ihn nicht geschwächt!« (S. 153)

Horn wirkt am Ende kleiner, wie ein geschrumpfter Kleinbürger, der sich, in frischen Socken und Sandalen, zur Familie begibt. Aber dieses Kleinheitsgefühl ist von Zuversicht auf einen Neubeginn getragen. Sie ist realistisch, wenn auch etwas übertrieben, wie nach der Ausstoßung eines die eigene Figur ins Große deformierenden psychischen Fremdkörpers. »Er hatte keine Probleme. Die Leere rauschte interessant. Und drüben das Allgäu trug die Sonne wie einen Kopfschmuck« (S. 153). Dies ist sozusagen der euphorische Anteil seiner möglichen Genesung von jahrelanger, demütigender Abhängigkeit von narzißtischen Objekten. Es gibt aber auch konkretere Anzeichen eines Wiederbeginns von emotionalem Leben, von farbigerer Wahrnehmung des Daseins nach einer langen Phase, in der er sich selbst in der Arbeit als sein eigenes, gelähmtes Faktotum vorkam, das nur noch mit der Tarnung seiner depressiven Apathie beschäftigt war. Zwar erscheint ihm der in der Nacht voll aufgegangene Gartenmohn in seiner Üppigkeit noch »unflätig«. Und trotzdem heißt es: »Mohn, Mohn, Mohn, dachte Franz Horn, du erinnerst mich daran, daß ich lebe. Vielleicht ist es doch ein Vorteil. Man könnte, zum Beispiel, lachen, bzw. weinen vor lauter Juni. Auf jeden Fall, die Vögel klangen, als schwelgten sie ... Auf jeden Fall, er ging ... auf sein Auto zu und bog, fast schon übermütig vor Gefaßtheit, in die Straße ein« (S. 153).

Exkurs:
Über »klinisches« Lesen

Die Veränderung des erzählerischen Standpunktes von Martin Walser von *Jenseits der Liebe* (1976) bis zum *Brief an Lord Liszt* (1982) ist enorm. *Jenseits der Liebe* handelt ebenfalls von dem beruflichen und seelischen Abstieg des mittleren Angestellten Franz Horn. Aber es ist ein Buch *über* ihn: er ist der typische Underdog, der Verlierer, und er wird erbarmungslos der Verachtung des Lesers wie seiner Selbstverachtung preisgegeben. Die Sprache gleicht dem silbernen Besteck, mit dem das mitleidlos betrachtete Objekt gedreht, gewendet und seziert wird. Das Subjekt selbst hat keine Sprache, und wenn kurze Partien des inneren Monologs von Franz Horn wiedergegeben werden, sind es Beispiele einer sich hoffnungslos im Kreise drehenden Selbstverständigung, die nicht nur folgenlos bleibt, sondern eher der nächsten Stufe des charakterlichen Absackens präludieren. Es ist, als ob der Erzähler ein Stück drohender Selbstverachtung aus sich herausgestellt, Franz Horn aufgeladen und diesen anschließend in den Abfalleimer einer nicht mehr rückgängig zu machenden Geringschätzung geworfen hätte. Obwohl deutlich ist, daß Horn, der seinem Selbstmordversuch entgegentaumelt, psychisch ein schwerkranker Mensch ist, erhält er vom Autor nicht die Würde der Introspektion. Der Erzähler weiß alles über das schäbige Innenleben des Helden, und er erzählt es degoutiert, mokant, mit ironischem oder bitterem Abscheu. Franz Horn ist ein hoffnungslos verächtlicher Mensch.

Anders im *Brief an Lord Liszt*. Hier sind Verachtung und Demütigung nicht mehr Haltungen des Autors, sondern die inneren Themen des sich selbst äußernden Subjekts. Sprache ist nicht mehr das mitleidlose Vorzeigen eines mißratenen Zeitgenossen, sondern Ausdruck eines inneren Prozesses, der dem redenden oder schreibenden Subjekt die

Chance des Selbstverständnisses und sogar der Veränderung läßt. Der Autor scheint seinem Helden in fast brüderlicher Weise nähergerückt. Das schäbig Verkümmerte an Franz Horn wird nicht einfach aus intimer Kenntnis seines Protagonisten vom Autor an den Leser verraten, sondern es wird vom Helden selbst wahrgenommen, gesichtet und als Lebensschicksal überprüft, mit Entsetzen rekapituliert und wie eine auferlegte Lebensarbeit angenommen. Der Autor ist vom wortmächtigen Verächter zum Mit-Leidenden geworden.

Eine solche Haltung müßte auch dem »klinischen Lesen« zugrunde liegen, soll es nicht in kalte, reduktive Diagnostik ausarten. Der Haupteinwand – auch von psychoanalytischer Seite – gegen das »klinische« Lesen, also ein Lesen, das das gesicherte und innerhalb des Berufsstandes der Psychoanalytiker verbreitete und therapeutisch angewandte, diagnostische Wissen über seelische Störungen auf Figuren der Literatur anwendet, als seien es potentielle Patienten, die zur klinischen Untersuchung kämen, ist folgender:

Es ist unfair und illegitim, diagnostisches Wissen aus dem Sprechzimmer des Seelenarztes zu übertragen auf literarische Gestalten, die einfach unsere Zeitgenossen sein wollen. Ihre Würde liegt in der ihnen möglichen Form des Selbstausdrucks. Sie verkörpern, wenn der Autor begabt ist, Haltungen, Eigenschaften und Handlungsweisen, die vermutlich typisch sind für viele lebenden Zeitgenossen, und sie schlagen sich mit Problemen herum, mit denen sich VIELE konfrontiert sehen. Sie mit klinischen Begriffen auf ihre Pathologie hin zu untersuchen, bedeute, sie gleichsam aus dem Verkehr zu ziehen, sie ihres Rechts auf freie Selbstdarstellung zu entkleiden, das Allgemeinmenschliche an ihnen mit den Etiketten einer Krankheitslehre zu versehen, sie dadurch zum kranken Einzelfall zu degradieren und ihre Äußerungen, statt sie als das ihnen mögliche Kreative zu sehen in ihren durchschnittlich schwierigen Lebensumständen, als Symptome zu klassifizieren und zu entwerten.

Ein weiterer Einwand: Da die meisten Gestalten sich in ihrer Auseinandersetzung mit der inneren und äußeren Umwelt zeigen, die ja kollektives Schicksal und an eine kritisierbare und veränderungsbedürftige Gesellschaftsform gebunden ist, bedeute die klinische Diagnostik gleichzeitig einen Verrat der individuell als neurotisch Gekennzeichneten an die nicht mit gleicher Schärfe mitdiagnostizierten gesellschaftlichen Verhältnisse. Wer also von Franz Horn behauptet, er leide an einer schweren und präzise klassifizierbaren narzißtischen Störung, übersehe, daß die Verhältnisse ihn dorthin gebracht hätten, daß er vom »alltäglichen Krieg der Angestellten« (Michaelis) so zugerichtet worden und daß er das typische Produkt einer vom Kapitalverwertungsinteresse gelenkten Wegwerfgesellschaft sei. Die individuelle Diagnose der Neurose vernachlässige also in bedenklicher Weise den Beitrag der sozialen Verhältnisse, des Betriebsklimas, der Konkurrenz, der ökonomischen Gesetze der Expansion, von Aufstieg und Zurückstufung von Menschen nach den Bedürfnissen der Firmenräson.

All dies soll nicht bestritten werden. Der klinischen Einzelfallstudie gehört eine sozialpsychologische und sozialökonomische Studie der Firmenentwicklung gegenübergestellt. Sie liegt nicht in meiner Kompetenz. Sie würde das Gesetzmäßige in den ökonomischen und personalpolitischen Veränderungen aufzeigen, mit ihren Folgen für die Betroffenen. Sie könnte vielleicht sogar Durchschnittswerte für die psychischen Belastungen der von den Veränderungen nachteilig berührten Personen erbringen. All dies ändert aber nichts an der Tatsache, daß Franz Horn die Veränderungen in einer sehr individuellen und psychopathologisch bestimmbaren Form erlebt und verarbeitet, ja, ihnen entgegenkommt. Und dies, obwohl es Chef und Kollegen nicht an potentieller Hilfestellung fehlen lassen. Der Konkurrenzkampf ist, überdeckt von dem bald gemütlichen, bald rüden Klima des Familienbetriebes, hart. Aber er müßte nicht zwangsläufig zum Zerfall der Persönlichkeit und zum Selbstmordversuch führen. Daß Horn vom Betrieb verbraucht wird, ist nicht die automatische Folge personalpolitischer Vorgänge. Mitarbeiter, Vorgesetzte und Chefs leiden, schon in *Jenseits der Liebe*, unter dem Persönlichkeitszerfall Franz Horns. Sie könnten ihn nur aufhalten, wenn sie ihm eine veränderungslose Fortdauer freundschaftlich eingefärbter patriarchalischer Strukturen garantieren würden.

Damit soll auch nicht abgestritten werden, daß bestimmte Formen von monotoner Schichtarbeit, permanenter Überanstrengung, verbunden gar mit konkreter Angst vor Arbeitsplatzverlust, viel direkter zur Persönlichkeitszerstörung führen. Man wird massenhaften Vorgängen nicht gerecht, wenn man sie aufs Konto neurotischer Entwicklungen abbucht. Berichte über die grotesk erscheinenden Bemühungen psychosomatischer Kurkliniken, die innerseelischen und die Familienkonflikte von durch Lärm, Schichtwechsel, Überanstrengung und Angst vorzeitig gealterten Fließbandarbeitern durch eine mehrwöchige Gruppentherapie zu kurieren, sagen genug über einen deplazierten Ansatz des psychoanalytischen Modells bei dem psychosomatisch Geschädigten des industriellen Produktionsprozesses. Aber Franz Horn ist nur zu einem mäßigen Teil das Opfer seiner Firma. Seine Entwicklung unter klinischen Gesichtspunkten zu betrachten, heißt nicht, vor inhumanen Vorgängen in der Zahnfabrik die Augen verschließen oder gar, auf der Ebene der politischen Ideologie, Partei zu ergreifen für ein Wirtschaftssystem auf Kosten seiner Opfer.

Horn als neurotisch schwer gestört zu diagnostizieren, berührt, so meine These, weder die Würde des in innere und äußere Kämpfe verstrickten Subjekts noch seine Bedeutung als ein von potentiell inhumanen Verhältnissen geschundener Zeitgenosse. Die Diagnose will nicht ihm in den Rükken fallen, ihn auf Symptome reduzieren, ihn ausgliedern als den Abnormen, der nur die psychischen Gesundheitsnormen einer aufs problemlose Funktionieren der »Mitarbeiter« ausgerichteten Wettbewerbsgesellschaft nicht erfüllt. Ich behaupte sogar, daß die Anwendung der klinischen Kategorien ihm inmitten der allgemeinen Verächtlichkeit, in der er zu versinken droht, die Würde einer klar erkennbaren, ihm von Kindheit an auferlegten und somit fast schicksalhaften Störung zuerkennt, die sich freilich unter den gegebenen Lebensumständen verschlimmert bis hin zu einem beinahe selbstdestruktiven Ausgang.

Glücklicherweise begleitet ihn Walser, nachdem er in *Jenseits der Liebe* selbst noch in den Chor seiner Verächter eingestimmt hat, weiter bis zu seiner verzweifelten Selbstfindung als Subjekt. Denn, verglichen mit der klinischen Diagnostik, die ohne den Gedanken an eine Hilfe beim Subjekt-Werden nicht vorstellbar ist, ist die Diagnostik des angeblich gesunden Menschenverstandes der menschlichen Umwelt grausamer, diffamierender und in ihren Auswirkungen fataler: sie dient nämlich, anders als die klinische Diagnostik, dem unmittelbaren Selbstschutz der beteiligten Personen; und deren Selbsterhaltungs-Interesse gebietet oft genug drastische oder subtile Formen der Degradierung, des Ausstoßens oder der langsamen Vernichtung zur Sicherung des eigenen Überlebens. Noch Walsers schriftstellerische Haltung in *Jenseits der Liebe* scheint mir etwas von dieser selbsterhaltenden diagnostischen Vernichtung zu tun zu haben.

Natürlich betritt das klinisch diagnostizierte Subjekt mit seiner psychopathologischen Einordnung auch einen anderen Lebensraum: es ist ein Subjekt, dem die Freiheit des Leidens belassen wird, dem aber der Gesichtspunkt der therapeutischen Hilfe als *Möglichkeit* entgegengehalten wird.

Klinisches Lesen bedeutet aber noch etwas anderes: die dunkle und verworrene Logik eines leidvollen oder, wie bei Keuschnig in der *Stunde der wahren Empfindung* bzw. bei Franz Horn, entsetzlichen Lebens wird zu der klareren Logik eines verstehbaren Krankheitsverlaufes. Ich kann nicht einsehen, warum im verworrenen Leiden, von Diagnostik unbehelligt, eine höhere Würde stecken sollte als im verstandenen Leiden, das den Aspekt möglicher Veränderung einschließt. Man kann das auf pathologische Kategorien reduzierte Subjekt an die nicht-diagnostizierten inhumanen Verhältnisse verraten; man kann aber ebenso gut das nicht-diagnostizierte, blind leidende Subjekt an das Postulat einer vorgängigen Veränderung der Verhältnisse verraten.

Im übrigen erscheint es mir sinnvoll, das psychologische Wissen einer wissenschaftlichen Disziplin, die sich mit den Wirrnissen des menschlichen Lebens befaßt, in einen Zusammenhang zu bringen mit einer Literatur, die das Leiden des Menschen an sich und seiner Umwelt zum vorrangigen Thema hat. Weder dient das eine zur Bestätigung des anderen noch macht eines das andere überflüssig. Es gilt, zwei Quellen der Erfahrung und des Wissens zum gleichen Thema nebeneinanderzuhalten und in einen Dialog treten zu lassen. Vorübergehend mag die Einbeziehung psychoanalytischen Wissens in die Lektüre moderner Literatur die Art und den Genuß des Lesens verändern, Suchbewegungen nach neuen Zusammenhängen auslösen. Dies wäre aber nicht das endgültige Ziel: an alle Texte mit dem Ehrgeiz des Dechiffrierens heranzugehen. Es geht eher um die Erschließung zusätzlicher Verständnisquellen, die durchaus wieder in den Fundus des schlummernden Hintergrundwissens eingehen dürfen, den jeder Leser ganz nach seinen Bedürfnissen mobilisiert, um sich mit einem Text auseinanderzusetzen. Man kann Gemälde aus dem Mittelalter oder der Renaissance betrachten ohne die Kenntnis der symbolischen Traditionen, der kirchen- oder geistesgeschichtlichen

Hintergründe und der durchaus ideologisch vorgetragenen malerischen Auslegung. Die Anreicherung des Wissens macht aber die Bildbetrachtung oft spannender, inhaltsreicher und eröffnet andere Verständnismöglichkeiten auch für die formalen Aspekte. Es geht um die Erschließung des Wißbaren und um die Humanisierung der Wahrnehmung. Erstaunlicherweise wächst mit der Einbeziehung psychoanalytischer Kategorien der Respekt vor dem literarischen Kunstwerk. Die Logik der entschlüsselten Neurose führt oft erst zum Verständnis der gewählten Kunstform und schafft einen Zugang zum sonst eher im Dunkeln bleibenden Reichtum der Komposition, zur inneren Logik des Aufbaus wie den Schwankungen der Sprachgestalt.

Die Vertrautheit mit klinischen Kategorien erhöht aber auch die Möglichkeiten des Lesers für Entscheidungen: er weiß genauer, mit welchen Seiten seiner eigenen Struktur er sich auseinandersetzt, wenn er sich in einen Text vertieft. Er wird über die Ausweglosigkeit mancher Texte anders denken, wenn er weiß, daß der Held sich nicht nur in ausweglose Verhältnisse, in geronnene innere Landschaften einläßt, in ein tragisch anmutendes Festgelegtsein auf ein destruktives, selbstdestruktives oder in Isolierung, Haß, Vereinsamung oder Entfremdung führendes Persönlichkeitsmuster, sondern wenn er sieht: hier fühlt oder handelt einer nach einem dechiffrierbaren, plausiblen oder veränderbaren unbewußten Lebensplan.

Ob einer, der sich im Helden oder Antihelden wiedererkennt, gleich therapeutische Hilfe sucht, ist eine ganz andere Frage: er mag zuerst einmal erkennen, daß er in einer verstehbaren Unfreiheit lebt, daß er absurden Zielen nachjagt, weil die erwartete Befriedigung, angesichts seiner unbewußten Ziele, mit Sicherheit ausbleiben wird. Daß Franz Horn, angesichts seiner psychischen Struktur, weiter konkurriert, weiter auf Freundschaft hofft, anstatt ganz andere Eigenschaften in sich zu kultivieren, kurz, daß er in dieser

Firma bleibt, ist grotesk, und es ist auf bestimmte, präzise und erkennbare Weise grotesk. Mag sein, daß er keine Alternativen mehr hat jenseits der Fünfzig. Aber er hätte sie gehabt, wenn die Kraft der Introspektion früher gekommen wäre. Frommer Wunsch! Aber wenn die Literatur ein Spiegel der menschlichen Verhältnisse ist und sich immer wieder Menschen wiedererkennen, zu ihrem Schrecken oder zu ihrer Freude, jedenfalls aber mit der Möglichkeit, den eigenen Lebensplan neu zu überdenken, warum sollte dann der Spiegel der Literatur nicht erhellt werden, bis er bestimmte Konturen schärfer wiedergibt?

Viele Schriftsteller halten das Unerträgliche in ihrer psychischen Entwicklung nur deshalb aus, weil sie es ausdrücken und gestalten können. Die vielen, denen dies nicht gegeben ist, brauchen Alternativen zur Bewältigung ähnlicher Belastungen. Das »klinische« Lesen könnte zu einer Erweiterung der Selbstwahrnehmung im Spiegel der Literatur führen, wenigstens bei denen, die durch das Abgründige mancher moderner Texte wie magisch angezogen werden: weil sie wissen, dort wird auch über sie geredet. Wer ohne Hoffnung ist, liest auch nicht mehr, und wer hofft, hofft auf Veränderung.

Das falsche und das verschüttete Selbst

Über Gefühl, Verstand, Sprache und Subjektivität in Peter Handkes Erzählung *Wunschloses Unglück*

> »Oft habe ich bei der Arbeit an der Geschichte gespürt, daß es den Ereignissen besser entsprechen würde, Musik zu schreiben« (Wunschloses Unglück, S. 103.)

> »Meine Mutter glaubte von mir seit je, daß ich mich ›nicht halten‹ würde. Sie erwartete früher oder später meine Niederlage, meinen Fall. Ist das bei allen Müttern so?« (Handke, »Phantasien der Wiederholung«, S. 22)

Wunschloses Unglück handelt vom Selbstmord von Peter Handkes Mutter und den Gefühlen, Gedanken und Formulierungsproblemen, die bei seinem Versuch, dieses Ereignis in Sprache zu fassen, aufgetaucht sind. Im Flugzeug, das ihn zur Beerdigung bringt, geht folgendes in ihm vor:

»Beim Zeitungslesen, Biertrinken, Aus-dem-Fenster-Schauen verging ich allmählich in einem müden, unpersönlichen Wohlgefühl. Ja, dachte ich immer wieder und sprach im stillen die Gedanken jeweils sorgfältig nach: DAS WAR ES. DAS WAR ES. DAS WAR ES. SEHR GUT. SEHR GUT. SEHR GUT. Und während des ganzen Fluges war ich außer mir vor Stolz, daß sie Selbstmord begangen hatte« (S. 94).

Über präzise Gedanken, die er nachspricht, handelt es sich nicht gerade. Es sind sechs Ausrufungen, verbunden mit dem müden, unpersönlichen Wohlgefühl und dem uneingeschränkten Stolz. Aber die Passage verrät etwas von dem intensiven Zusammenhang von Körperwahrnehmung, fast inhaltslosen Gedanken und einem eindeutigen Gefühl. Handke landet, und nach der Beerdigung – von der es heißt: »Das Begräbnisritual entpersönlichte sie endgültig und erleichterte alle.«, – blickt er vom Friedhof aus zum verschneiten Wald auf, erlebt die Menschen nur noch als »Getümmel von Gestalten« und sagt: »Auf einmal hatte ich in meiner ohnmächtigen Wut das Bedürfnis, etwas über meine Mutter zu schreiben« (S. 98).

Die Wut hängt damit zusammen, daß die Mutter zunehmend auftaucht als eine Gestalt, die in ihrem Leben weder Kopf noch Herz haben durfte. Sie ist der Inbegriff einer stummen Person, vielmehr einer Person, in der es lebenslänglich stumm geblieben ist, in der weder Kopf noch Herz zu einem ein wirkliches Selbst ausbildenden Äußerungsform gefunden haben. Die Mutter ist schlechthin das nicht zu sich selbst gekommene Subjekt, und nur im nachhinein, in einer tiefen Identifikation mit den unenträtselten Äußerungsformen der Mutter, mit ihren Leidensgesten, ihrer Mimik, ihrer auf den Tod zutreibenden Körpersprache, findet sie in der Sprache des Sohnes eine Identität. Handke zitiert einen gängigen Satz von Grabreden auf Menschen, die anderen ein Rätsel geblieben sind »Sie nahm ihr Geheimnis mit ins Grab!« (S. 104), und versucht, ihn umzukehren, das Geheimnis doch noch in Sprache zu fassen.

Reden wir zuerst vom Herzen, von den Gefühlen, die nie zu sich selbst gefunden haben, obwohl sie zeitlebens dumpf nach einem Ausdruck, einer Würde, nach einem Wahrgenommen- und Festgehalten-Werden gesucht haben. Es war kein inneres Gefäß dafür vorhanden. Handke liefert das Gefäß für die Gefühle der Mutter am Grabe nach. Da sie Frau war, hatte sie, in ihrer armselig-ländlichen Umgebung, Familie und Verwandtschaft noch weniger Recht auf Selbstsein als ein Mann. Lapidar heißt es:

»Als Frau in diese Umstände geboren zu werden, ist von vornherein schon tödlich gewesen« (S. 17). ... »Keine Möglichkeit, alles schon vorgesehen: kleine Schäkereien, ein Kichern, eine kurze Fassungslosigkeit, dann zum ersten Mal die fremde, gefaßte Miene, mit der man schon wieder abzuhausen begann, die ersten Kinder, ein bißchen Dabeisein nach dem Hantieren in der Küche, von Anfang an Überhörtwerden, selber immer mehr Weghören, Selbstgespräche ... und mit dem Tod ist die Vorsehung schließlich erfüllt« (S. 17).

Es ist beklemmend, wie Handke in knappen Sätzen die Vernichtung eines lebendigen Selbst, das nicht fühlen darf, was es fühlen möchte, beschreibt. Nach kurzem Aufflakkern von Lebenslust und Selbstwahrnehmung, nach halben Ausbrüchen in die freiere Luft der Großstadt, setzt die Zurichtung zu einer Person als Klischee, als Typ, als gefällige Unperson immer unaufhaltsamer ein. »Wenn sie von sich selber sprach, über einen berichtenden Satz hinaus, wurde sie mit einem Blick schon zum Schweigen gebracht. ... »So wurde man ausgehungert« (S. 33). Handke schildert einen Zustand psychischer Rechtlosigkeit, der sich auf Gefühl, Sprache, eigene Geschichte und menschliche Selbstwahrnehmung bezieht. Der Mutter entgleitet auch, obwohl es ritualisierte, ja fröhliche Geselligkeit gibt, die Fähigkeit zur Nähe: »Sie ließ es nicht mehr zu, daß man sich ihr näherte, es hätte denn mit jener Behutsamkeit sein müssen, unter der sie sich einmal als eigener Mensch gefühlt hatte – aber die erlebte sie nur noch im Traum« (S. 38). In die tiefer werdende Einsamkeit dringt keine Geste mehr herüber. Der einzige Trost bleibt, sich mit den entpersönlichenden Ritualen nicht endgültig zu identifizieren. Aber das gelingt nur bruchstückhaft. Was über das Klischee hinausgeht, wird als »eigen« bezeichnet, um nicht zu sagen als absonderlich.

Das Mittel dieser Vernichtung spontanen Lebens ist die Beschämung, ein im Körper fast automatisch ausgelöstes Zögern, der andressierte Verzicht, das schlechte Gewissen, wenn der innere Kern sich überhaupt noch regt. Was bleibt, ist symbiotisches Mitleid als Beziehungsform zur Familie, nachdem der Haß, das einzig wirklich aufflammende Gefühl zwischen den Eheleuten, sich in der Milde des Alterns gelegt hat. Gelegentlich noch »ganz kurz der Wunsch, aus der Haut zu fahren«, aber da scheinen die Gefühle schon fast ohne Inhalt, ein anfallsartiger Ausbruchsversuch ohne Ziel. Das tiefere Selbst taucht nur auf als etwas »Unnennbares«, »Namenloses«, in »sprachlosen

Schrecksekunden« (S. 47). Handke nennt die Mutter »entmenscht«, reduziert auf »Gejammer« als Ersatz für Gefühle, reduziert auf die Wiederholung von tausend zur Routine gewordenen Handgriffen und Gesten inmitten eines »formvollendeten Elends«, also einer Armut, die sich durch Wohlanständigkeit selbst verklärt. Am Ende steht der vollkommene Verzicht auf Gefühle, weil sie das Abwegige schlechthin sind, störende Reste von Individualität.

»Auch mit den Gefühlen hatte man so sehr haushalten müssen, daß man sie höchstens noch in Versprechern äußerte und sie dann sofort überspielen wollte. Die frühere Lebenslust des ganzen Körpers zeigte sich nur noch manchmal, wenn an der stillen, schweren Hand verstohlen und schamhaft ein Finger zuckte, worauf diese Hand auch sofort von der anderen zugedeckt wurde« (S. 66f.).

Der Sohn erfühlt diesen nie gelingenden Durchbruch zur eigenen Subjektivität oder auch das Immer-Wieder-Verloren-Gehen kleiner, einmal erreichter Inseln von Selbstwahrnehmung als die Lebenswunde der Mutter, als ein Ausmaß von Entrechtung, von Selbstverfehlung, die ihn immer wieder in die Nähe »äußerster Sprachlosigkeit« führt. Er kann die Wunde, die dennoch nie wirklich gefühlt wurde, zurückverfolgen bis zum Großvater in seiner »gespenstischen Bedürfnislosigkeit«. Wer es zu einem Stück Besitz bringt, erwirbt damit eine begrenzte Subjektivität, eine Art kommunales Mitspracherecht, wenn auch noch mit fast inexistenter Selbstwahrnehmung.

Da jede Einübung in den Umgang mit sich selbst fehlt, wird das eigene Innere allmählich, falls es sich regt, zu einer Quelle der Gefahr. Dagegen hilft: »Ein maskenhaftes Gesicht – nicht maskenhaft starr, sondern maskenhaft bewegt –, eine verstellte Stimme, die, ängstlich um Nicht-Auffallen bemüht, nicht nur den andern Dialekt, sondern auch die fremden Redensarten nachsprach« (S. 40).

Auch über Sprache und Vernunft führt kein Weg zur

Wahrnehmung, gar zum Festhalten des eigenen Selbst, einer von anderen, über das rein äußerliche hinaus unterscheidbaren Individualität. Der Mann ist »nicht ansprechbar«, die Kinder noch nicht ansprechbar. Über lange Jahre ist das verschüttete Selbst nur noch spürbar, wenn es sich durch Kränkungen erreichen läßt, gegen die es sich nicht wehren kann.

»Aus Hilflosigkeit nahm sie Haltung an und wurde sich dabei selbst über. Sie wurde verletzlich und versteckte das mit ängstlicher, überanstrengter Würde, unter der bei der geringsten Kränkung sofort panisch ein wehrloses Gesicht hervorschaute. Sie war ganz leicht zu erniedrigen« (S. 37).

Noch stärker heißt es über die Fremdheit dem eigenen, lebendig gebliebenen, aber sprachlosen Kern gegenüber: »die eigene Gegenwart war ihr unbehaglich« (S. 68). Sprache führt nicht zum Ziel einer wirklichen Mitteilung, und wo die Gefühle nicht wahrgenommen werden dürfen und der Weltbezug fehlt, hat die Vernunft nichts zu ordnen. Es fehlt ihr einfach der Stoff, der Anreiz, die Herausforderung. Den Leser beschleicht manchmal ein Gefühl, das jenem gleicht, wenn man in das Gesicht anhänglicher Tiere geschaut hat: sie scheinen immer *beinahe* zu verstehen, man wundert sich, daß sie nicht antworten, und man denkt mit Wehmut, an welcher Schwelle der Fühl- und Sprachlosigkeit, ja der Subjektlosigkeit sie stehengeblieben sind, wo ihnen doch die Möglichkeit der Seele so aus dem Gesicht leuchtet. Handke schreibt denn auch:

»Um die eigene Geschichte und eigenen Gefühle betrogen, fing man mit der Zeit, wie man sonst von Haustieren, zum Beispiel Pferden, sagte, zu ›fremdeln‹ an: man wurde scheu und redete kaum mehr ...« (S. 52) ... »Man erwartete endgültig keine persönlichen Auskünfte mehr, weil man kein Bedürfnis hatte, sich nach etwas zu erkundigen. Die Fragen waren alle zu Floskeln geworden ...« (S. 53).

Diese äußerste Subjektlosigkeit, in der weder Gefühl noch Vernunft zu einem Mittel der Selbstfindung werden können, sondern nur noch die Einbettung in Rollen und Rituale, muß für Handke eine äußerst schmerzhafte, wenn auch oft unbewußte Wahrnehmung über lange Jahre gewesen sein. Und sowohl die Erzählung wie ein Teil seines Werkes, in dem es um bis ins Extrem fortgeführte Subjektivität geht, könnte als die Erfüllung eines Auftrages gelten: nämlich der ersehnten, gefühlten, unerlösten, sprachlosen Einmaligkeit der Mutter Würde, Sprache und das Recht auf subjektiven Ausdruck zu verleihen. Aber dies ist ein Vorgriff. Schon vor der Erfüllung dieser letzten Aufgabe *nach* dem Tode der Mutter hat der Sohn um ihre Subjektivität gerungen. Er fühlte, angesichts ihrer immer wieder spürbaren Annäherung an das eigene Selbst, vor das sich wie Wolken viele falsche, aufgezwungene Selbstanteile schoben, eine kostbare Möglichkeit:

»Es brauchte nur jemand mit dem kleinen Finger zu winken, und sie wäre auf die richtigen Gedanken gekommen« (S. 62).

Der Sohn hat es versucht, indem er mit ihr zusammen Bücher gelesen hat. Im Fühlen war er vielleicht selbst nicht sehr stark, und im Sprechen über Gefühle, aber beim Lesen, beim Selbstgewahrwerden in Büchern, konnte er ihr ein Führer sein, freilich einer, der spürte, daß sich die Landschaft des Lesens der Mutter so ganz anders darstellt als ihm selbst. Die Wanderung wird zu einer Erweckung früher Ansätze des Selbstseins, bevor die »Unwirklichkeitsgefühle« sie heimgesucht und eingehüllt haben. Von ihren frühen Begegnungen mit dem Lernen in der Schule heißt es:

»denn beim Lernen damals als Kind hatte sie etwas von sich selber gefühlt. Es war gewesen, wie wenn man sagt: ›Ich fühle mich.‹« (S. 20)

Es wird dann auch von ihrem Betteln an den Großvater berichtet, etwas lernen zu dürfen.

»Aber das kam nicht in Frage: Handbewegungen genügten, um das abzutun; man winkte ab, es war undenkbar« (S. 20).

Und dann, beim Lesen in den Büchern, die der Sohn auch gerade liest, taucht sie »mit einem neuen Selbstgefühl« wieder auf. Man meint zu spüren, daß ein fast missionarisches Glück des Sohnes im Spiel ist. Die Mutter bezieht, wie ein Kind, alles Gelesene auf sich.

»Sie las Zeitungen, noch lieber Bücher, wo sie die Geschichten mit dem eigenen Lebenslauf vergleichen konnte ... ›So bin ich aber nicht‹, sagte sie manchmal, als hätte der jeweilige Autor sie höchstpersönlich beschrieben« (S. 67).

Aber immerhin, sie nimmt sich wahr, durch Sprache und durch die Möglichkeit des Vergleichs. Es heißt: sie »rückte mit dem Lesen zum ersten Mal mit sich selber heraus; lernte, von *sich* zu reden; mit jedem Buch fiel ihr mehr dazu ein. So erfuhr ich allmählich etwas von ihr« (S. 67).

Und mitten in diesen Bericht über ihr zaghaftes, im Sog des lesenden Sohnes fortschreitendes Erwachen fallen, im Zusammenhang mit dem verachteten Mann, der sie nie verstand, die Worte: »›Ich möchte zu einem Menschen hinaufschauen können‹; jedenfalls war es nichts, jemanden immer nur verachten zu müssen« (S. 70). Nur der studierende Sohn, vielleicht schon als Schüler, darf Einblick nehmen und sieht den allen verschlossenen, möglichen Reichtum ihrer Seele. Vom Mann heißt es, nach den Jahren der Prügel und der Beschimpfungen:

»Auch sie lebte ruhiger mit ihm, selbstbewußt bei dem Gedanken, daß sie ihm ein lebenslanges Geheimnis blieb« (S. 71).

Über die Sprache fand sich ein Weg zur Mutter, am Vater vorbei, und aus Sprache ist das Denkmal gebaut, das er der fast Sprachlosen gesetzt hat.

Aber die Zeit des gemeinsamen Lesens und Sprechens

scheint knapp bemessen gewesen zu sein, zu knapp für die Mutter, um die eigene Subjektivität, das eigene Fühlen und Denken selbst in die Hände zu nehmen. Ein schlimmer Satz beschließt den kurzen Bericht über das späte, wohl zu kurze Erwachen: »Über das meiste kann man ohnehin nicht reden.« (S. 72) Der Sohn ist weit weg, die nachwachsenden Kinder sind dumpfer, ebenfalls sprachlos. Und so senkt sich die Kurve des Lebensgefühls rasch, noch lange vor dem Beginn des entsetzlichen Kopfwehs, einfach aus neu gefühlter innerer Leere: »Gern wäre sie einfach weggestorben, aber sie hatte Angst vor dem Sterben« (S. 74). Erst in den Briefen vor ihrem Tode kann sie dem Sohn dann noch einmal, und nun fast schamlos offen angesichts des vielen Ungesagten, persönliche Dinge schreiben, persönliche, höchstpersönliche Seiten zeigen. Diese Briefe sind fast schon wie ein Vermächtnis, ein Hinweis auf bruchstückhaft gebliebene Trümmer einer heftigen, ja leidenschaftlichen Subjektivität, die ihren Ausdruck nicht fand und die doch zu einem nachträglichen Zusammensetzen und In-Sprache-Fassen einladen. *Nachgetragene Liebe* heißt ein Buch Peter Härtlings über seinen Vater. »Nachgetragene Subjektivität« oder »nachgetragenes Selbstsein« könnte man die erschütternde Erzählung *Wunschloses Unglück* nennen.

Daß da ein tiefgefühlter, zunächst wohl auch nur widerstrebend angenommener Auftrag vorlag, legt Handke selbst nahe. Er kann ihn erst annehmen, als er, in der Ferne, ein Stück Distanz gewonnen hat und als er sich wirklich traut, die Mutter wahrzunehmen, zu sehen in ihrem nicht nur seelischen, sondern körperlichen Leiden; als er sich traut, das Unmögliche und Gott- und Menschen-Verlassene ihrer Existenz zu sehen und die Qual der leiblichen Identifizierung nicht mehr zu fürchten.

»Als ich im letzten Sommer bei ihr war, fand ich sie einmal auf ihrem Bett liegend, mit einem so trostlosen Ausdruck, daß ich ihr nicht mehr näher zu treten wagte. Wie in einem Zoo lag da die fleischgewordene animalische Verlassenheit. Es war eine Pein zu sehen, wie schamlos sie sich nach außen gestülpt hatte; alles an ihr war verrenkt, zersplittert, offen, entzündet, eine Gedärmeverschlingung. Und sie schaute von weitem zu mir her, mit einem Blick, als sei ich, wie Karl Roßmann für den sonst von allen erniedrigten Heizern in Kafkas Geschichte, ihr GESCHUNDENES HERZ. Erschreckt und verärgert bin ich sofort aus dem Zimmer gegangen« (S. 78).

Es war wohl zu spät für dieses verärgerte Hinausgehen, er war, mit seinen Sprachmöglichkeiten, ihr geschundenes Herz geworden und nahm den Auftrag an, die animalisch Verstummte in Sprache zu kleiden.

»Seit dieser Zeit erst«, heißt es, »nahm ich meine Mutter richtig wahr« (S. 78). Es gehört wohl zu dieser stummen und trotzdem flehenden Form der Übermittlung der Gefühle, vielleicht der stummen Einvernahme und Beauftragung, wenn Handke sich erinnert:

»Im Krankenhaus lag sie immer unter vielen in großen Sälen. Ja, das gibt es noch! Sie drückte mir dort einmal lange die Hand« (S. 101). »Ja, das gibt es noch!«

Welch ein Protest gegen eine lebenslange Behinderung von Intimität und Nähe, die sich in diesem Krankensaal verdichtet und nur noch eine Geste blinder Sehnsucht zuläßt, die damals vielleicht noch nicht einmal ahnt, wonach sie strebt.

Daß Handke sich tief, bis weit ins Körperliche hinein, mit der Stummen identifiziert hat, um an das Unsagbare heranzukommen, um etwas von den Qualen des verschütteten Selbst zu spüren, wird immer wieder deutlich. Zu seiner kurzen Totenwache sagt er: »Noch der tote Körper kam mir entsetzlich verlassen und liebebedürftig vor.« Und wenig später heißt es über die Erfahrungen bei der Niederschrift der Erzählung:

»Das Schreiben war nicht, wie ich am Anfang noch glaubte, eine

Erinnerung an eine abgeschlossene Periode meines Lebens, sondern nur ein ständiges Gehabe von Erinnerung in der Form von Sätzen, die ein Abstandnehmen bloß behaupteten. Noch immer wache ich in der Nacht manchmal schlagartig auf, wie von innen her mit einem ganz leichten Anstupfen aus dem Schlaf gestoßen, und erlebe, wie ich bei angehaltenem Atem vor Grausen von einer Sekunde zur andern leiblich verfaule« (S. 99).

Der Selbstmord ist ihm quasi der Beweis ihrer Subjektivität, Freiheit und Würde: die Mutter erhebt sich damit gegen das Zuende-Leben in Klischees und in der unerträglichen Entfernung vom eigenen Selbst. Er macht sie endgültig zu einer einzigartigen Person; insofern ist der Selbstmord ihr größtes Geschenk und bestätigt ihm zugleich, daß er recht hatte, in ihr ein nur ihm zugängliches Geheimnis zu vermuten. Am Abend der Beerdigung geht er die Treppe im Haus hinauf: »Die letzten Stufen lief ich. Oben schlug ich mir übermütig die Faust auf die Brust und umarmte mich. Langsam, selbstbewußt wie jemand mit einem einzigartigen Geheimnis, ging ich die Treppe dann wieder hinunter« (S. 98). Das Thema des Helden, der plötzlich und unerwartet mitten in eine einzigartige Geschichte hineingerät und sich quasi gerettet fühlt, kommt in Handkes Werk mehrmals vor, unter anderem in der *Stunde der wahren Empfindung*. Es wird bereits angedeutet, als er sich noch zu Beginn der Erzählung *Wunschloses Unglück*, über die notwendigen Abstraktionen beim Abfassen eines Lebenslaufes klarzuwerden versucht:

»Natürlich ist es ein bißchen unbestimmt, was da über jemand Bestimmten geschrieben steht; aber nur die von meiner Mutter als einer möglicherweise einmaligen Hauptperson in einer vielleicht einzigartigen Geschichte ausdrücklich absehenden Verallgemeinerungen können jemanden außer mich selber betreffen ...« (S. 44).

Es ist ein Leitthema seiner späteren Begegnung mit der Mutter, in der Sprache das ungelebt Einzigartige dieser Frau wirklich zu machen.

Die Mutter wird gesehen und sicher auch erlitten als eine Person, die zeitlebens an der Schwelle zum Wirklich-Werden verharren muß, an der Schwelle zu Gefühlen, die endlich als eigene, unverwechselbare erlebt werden, und an der Schwelle zu Gedanken, die dieses Subjektsein festhalten und verteidigen könnten. Es gibt Phasen der Hoffnung, des Auflebens, des Ausprobierens neuer Haltungen, einer neuen Gangart, einer neuen Form der Kleidung, ja, eines neuen Stimmklangs, einer neuen Distanz zur alles immer wieder einebnenden Umgebung. Und dann kommt erneut das Preis-Geben-Müssen unter dem schmerzhaften Druck der Umstände, die den freien Selbstausdruck als befremdlich nicht dulden. Trotzdem, es wächst die Fähigkeit zur Distanz, die freilich selten über eine leere, trotzig behauptete Andersartigkeit hinauskommt. Schließlich reduziert sich die Selbstwahrnehmung nur noch auf den Schmerz des Andersseins, in dem niemand, trotz immer wieder gesuchter Momente der Geselligkeit, mehr erreichbar ist. Die Mutter lebt in einem Niemandsland zwischen Familienroutine, Gelegenheitskontakten und einem inneren Grausen vor der formlosen und bedrohlichen Subjektivität, die in ihrem trotzigen Pathos auch nicht mehr einzuschläfern ist. Es ist wohl jenes Niemands-Land, in dem, wie es der englische Psychoanalytiker Winnicott ausdrückt, der Selbstmord wie der letzte Akt zur Rettung des wirklichen oder wahren Selbst erscheint, vor der unerträglichen, als Dauerpein erlebten Vernichtung des wirklichen durch das falsche, von außen oder durch Identifikationen aufgezwungene Selbst.

Trotzdem ist die Vernunft des Ausdrucks, die Sehnsucht nach Formulierung auch für die Mutter ein Hoffnungsanker geworden, zugänglich allerdings erst in Todesnähe, als gelte es, wenigstens Fetzen eines ungelebten Selbst festzuhalten und auszusenden, damit sie gehört und verstanden würden. Handke schreibt:

»Sie fürchtete, den Verstand zu verlieren. Schnell, bevor es zu spät sein würde, schrieb sie zum Abschied noch ein paar Briefe. Die Briefe waren so dringlich, als hätte sie versucht, sich selber dabei in das Papier zu ritzen. In dieser Periode war das Schreiben für sie keine Fremdarbeit mehr wie sonst für Leute in ihren Lebensumständen, sondern ein vom Willen unabhängiger Atmungsvorgang« (S. 81).

Der Sohn erlebt also noch, daß das Schreiben der Mutter von der unbeholfenen Mitteilung der Fakten und Beobachtungen, in denen sie gar nicht vorkommt, oder, wie in den Reisebriefen, »nur unter anderem«, sich verändert zu einem elementaren Vorgang der Selbstdokumentation, einem Zeichen-Setzen, das er nicht umsonst mit dem Wort »einritzen« in die Nähe von Felsinschriften und Höhlenzeichnungen versunkener Völker oder aber von Gefangenen in Kerkern rückt. Das Sprechen als unmittelbarere Form der Selbstmitteilung ist versunken, der Sohn ist weit weg, nur in Briefen erreichbar. »Es ist«, so heißt es, »eine große Einsamkeit in mir, ich mag mit niemandem reden« (S. 87).

Das Reden, selbst wenn der Sohn zu Besuch ist, führt zu nahe an die Trauer und den Schmerz des nicht mehr aufhebbaren Selbstverlustes. Wo der Sohn sie sucht und im Gespräch noch zu ihr vordringen will, bricht die resignierte Qual durch, die Spannung zwischen dem Sagbaren und dem Unsagbaren. Daß das Verständnis für sie, das Zusammensetzen von Gefühl und Sprache, nur posthum möglich ist, stellvertretend durch den Sohn, quasi als Fremdarbeit des ihr am nächsten stehenden Subjekts, wird deutlich, als sein Nachfragen mit dem lebendigen, gesprochenen Wort nach ihrer Geschichte schon nicht mehr greift:

»Man konnte freilich mit ihr über fast nichts mehr sprechen; jedes Wort erinnerte sie wieder an etwas Schreckliches, und sie verlor sofort die Fassung. ›Ich kann nicht reden. Quäl mich doch nicht.‹« (S. 81)

Viele erwachsen werdende Kinder erleben diese Grenze: sie suchen, einfühlsamer, vielleicht milder geworden, auch neugieriger auf die Geschichte der Eltern, noch einmal Zugang zu deren Innerem, und oft genug kommt es zu Enttäuschung und Trauer, wenn es sich erweist, daß das nachgetragene Verstehenwollen die Eltern nicht mehr erreicht, wenn der Schmerz sie zwingt, die inneren Quellen erst gar nicht mehr fließen zu lassen. Wo die späte Nachfrage nach der inneren Geschichte der Eltern allerdings gelingt, hinterläßt die gefundene Brücke ein Glücksgefühl. Die Biographie der Eltern, die innere wie die äußere, erhält noch einmal einen anderen Sinn in der Anteilnahme der Kinder, und oft erschließen sich Sinnzusammenhänge, die früher nie fühlbar waren. Auch noch sehr spät kann so ein zum Teil verschüttetes oder durch die Schrecken der Geschichte in Fragmente zerteiltes Selbst wenigstens im Rückblick einen Zusammenhalt finden.

Im *Wunschlosen Unglück* allerdings ist das Leid, das im Sprechen über die nie zusammengefügten inneren Teile, über das ungelebte innere Leben, ausbräche, zu groß. Der Zugang zur lebenden Mutter bleibt also verschüttet:

»Sie wendete sich ab, wendete sich noch einmal ab, wendete sich weiter ab, bis sie sich ganz weggedreht hatte. Dann mußte sie die Augen zumachen, und stille Tränen rannen nutzlos aus dem weggedrehten Gesicht« (S. 81).

Man möchte im Grunde, selbst erschüttert, nicht weitersprechen, erfährt die immer von der Mutter wie von Handke erlebte »äußerste Sprachlosigkeit« als ruhigen Schutzraum. Trotzdem hat Handke weitergeschrieben, und ich werde das poetisch gleichsam endgültig Gesagte weiter in Begriffe fassen und es vergleichen mit dem, was die psychoanalytische Wissenschaft in den letzten Jahrzehnten ans Licht gebracht und der Behandlung zugänglich gemacht hat. Von Winnicott und von Masud Khan, seinem Schüler, stammen die ergreifendsten Darstellungen von Menschen, die sich selbst verlorengegangen sind oder die sich nie finden konnten, weil sich der Kern des Selbst unter bestimmten Bedrohungen nie wirklich zeigen durfte. Es gibt dort ganz ähnliche Formen von Widerstand gegen das verspätete Auftauchen des Selbst in der Therapie. Die Qualen seiner langsamen Abschaffung wollen nur höchst ungern wiedererlebt werden. Handke verwendet nicht umsonst so viele Wörter aus dem Bereich der Todesnähe. Menschen mit verschüttetem Selbst fühlen sich immer todesnäher als andere, die wenigstens einen Teil ihres lebendigen Selbst leben können oder die Zuversicht haben, daß er immer wieder auftaucht, selbst in Zeiten schwerer Depersonalisations- oder Unwirklichkeitsgefühle. Das Einmalige an Handkes Erzählung ist die Einfühlung in eine sehr nahe Person, deren Leben von einem Dauerschmerz um das verlorene Selbst geprägt war, und in dem der Selbstmord ein einfühlbarer Akt der Selbst-Erhaltung war. Denn auch die Gedanken, nicht nur die Gefühle, waren inzwischen zu bedrohlich geworden: »Sie tat, als sei sie wirr im Kopf, um sich der endlich klaren Gedanken zu erwehren« (S. 83).

Die Geringschätzung, die von der Umgebung früh aufgezwungene Mißachtung des Subjektseins durchdringt tragischerweise auch noch die vermächtnishaften späten brieflichen Äußerungen: »Es ist am besten, Du liest diese Scheiße und vergißt sie dann schnell wieder« (S. 87). Dieser Satz steht im gleichen Brief, in dem die Mutter dem Sohn lapidar das endgültige Scheitern, vielmehr das wahrscheinlich lebenslängliche Nicht-Bestehen einer lebendigen, von Subjekt zu Subjekt gerichteten Begegnung mit dem Stiefvater mitteilt. Im Zurücknehmen der Mitteilung als »Scheiße« wird Beschämung spürbar, vielleicht auch Schuldgefühl über den Verrat:

»Mein Mann war fünf Tage hier, und wir hatten nichts miteinander zu reden. Wenn ich ein Gespräch anfange, dann versteht er nicht, was ich meine, und dann rede ich lieber nichts. Und dabei habe ich mich doch irgendwie auf ihn gefreut – wenn er dann da ist, kann ich ihn nicht anschauen« (S. 86).

Frühere psychoanalytische Epochen wären hier rasch bei der Hand gewesen mit Variationen des ödipalen Konflikts. Die Zeichen sind untrüglich und stellen doch nur die Oberfläche, eine Art notwendig auftauchender Einkleidung dar. Es ist aber nichts Triebhaftes spürbar in der Mutter-Sohn-Beziehung, nur schmerzhaft mißlingende Subjektivität und Begegnung. Sexualität ist ja gelebt worden zwischen den Gatten, aber das Ineinandertauchen zweier lebendiger Augenpaare hat nicht stattgefunden, außer in Momenten kreatürlich-heftigen Hasses. Es geht eher darum, daß Trieb und Selbstsein in furchtbarer Weise auseinandergefallen sind, daß aber hier nicht eine libidinöse Bindung, sondern die Hoffnung auf Selbst-Sein das Band zwischen Mutter und Sohn geschaffen hat. Will man den Ödipus-Konflikt nicht alles historisch angesammelten, trieborientierten Inhalts entkleiden, so wäre es besser, den Begriff hier nicht zu verwenden. Es geht um elementares Erkennen, seiner selbst und *eines* anderen, der dieses Erkennen zuläßt und festhält, und um ein Erkanntwerden, das das Aufblitzen der Augen dringender braucht als die Umarmung. Später dann übernimmt die Sprache diese Funktion des *Aufblitzens* der Augen. Wo die Begegnung nicht zum Wachsen eines lebendigen Selbst führt, muß die Sprache dann, und sei es posthum das Erkennen *ersetzen*. Manchmal klingt zwischen den Zeilen durch, als habe der Sohn die Mutter zur Selbstoffenbarung am Ende noch zwingen wollen. Anders ist das verzweifelte »Quäl mich doch nicht« kaum zu verstehen. Im Brief offenbart sie ihm dann noch Träume, die von einer chaotischen Lebendigkeit des Unbewußten sprechen und sich doch endgültig aller ordnenden Vernunft entziehen.

Es wäre sinnvoller, statt des ödipalen Konflikts von einer Beziehung zu sprechen, die von der Ahnung des Selbst-Seins getragen war. Sie läßt sich auch einbetten in die jüngere Theorie einer unterirdischen Verbindung über die Delegation: »sag du, was ich nie sagen konnte«, oder: »fühl du, was ich nie fühlen durfte«, oder: »denk du zu Ende, was ich nie formulieren konnte«. Tatsächlich ist der Erzähler dann das *sprechende* geschundene Herz der stummen Mutter. Es gab ihr ein Gott dann, um das Goethegedicht abzuwandeln, den Sohn, um »zu schreiben, was ich fühle«. Insofern ist es nur natürlich, daß der Sohn ihrem letzten, ihn beruhigen-wollenden Brief nicht glaubt, sie hatte zu viele Zeichen des Unerlöstseins gegeben, die tief in ihn eingedrungen waren. Denn, »schrieb sie mir am Schluß, sie sei ganz ruhig und glücklich, endlich in Frieden einzuschlafen. Aber ich bin sicher, daß das nicht stimmt« (S. 93).

Patienten, die an dieser Form des Selbst-Verlusts oder des falschen Selbst leiden, geben uns viele Rätsel auf. Sie bieten oft Fassade um Fassade, die wir zunächst für bare Münze nehmen. Über Monate und Jahre können wir mit einem falschen Selbst in Verbindung sein. Es kann sich sogar festigen, oder der schwache Kern kann unser Geflecht der Deutungen zum Aufbau eines neuen falschen Selbst verwenden, weil die Dankbarkeit für unsere Zuwendung ihm keine andere Wahl läßt, als unser Angebot, ohne die Kraft zu eigener Überprüfung, in sich hineinzunehmen. Die Entwicklung der psychoanalytischen Behandlungstechnik ist unter Umständen auf diesem Feld um Jahrzehnte verzögert worden, weil die automatische Koppelung von Liegen und Nicht-Sehen des Analytikers im klassischen Setting, nach Freuds erschrecktem, aber für sehr viele Erkrankungen ja auch sinnvollen Rückzug *hinter* die Couch, Regeln geschaffen hat, die oft auch heute noch nur unter mühsamen Rechtferigungsversuchen verändert werden. Mit manchen Patienten braucht es auch im Sitzen Monate, wenn nicht Jahre, bis sie den offenen Kontakt der Augen ertragen. Für sehr viele, die nach Jahren des Liegens Couch und Therapie verlassen und die an solchen Störungen leiden, bleibt es für immer unüberprüfbar, ob der Therapeut in jenem elementaren Sinne wirklich war, wie es oft nur durch die immer wieder überprüfbare Begegnung der Augen vermittelt werden kann.

Vor allem die Verbindung von Liegen und Sehen wird oft immer noch für illegitim, für nicht wirklich psychoanalytisch gehalten, weil das Dogma will, daß *alles* Sprache wird. Der ganze Reichtum des frühen Augenspiels geht so verloren, Frühformen des Entstehens von Subjektivität werden in das mühsame Formulieren jener Sekundenerlebnisse von Begrüßung und Abschied verlegt, bei denen sich die Augen von Patient und Therapeut begegnen können. Oder es gibt das kurze Umdrehen auf der Couch, das aber häufig, angesichts der verinnerlichten Wucht des Settings, fast zum Diebstahl, zum beschämten Übergriff des Patienten wird. Das dritte Ohr des Therapeuten mag noch so gut geschult sein, in manchen Fällen bedarf es des dritten Auges, oder wenigstens der beiden lebendigen Augen des Gegenübers.

Dem Aufblitzen der Augen oder deren fragendem Suchen, dem »Winken mit den Äugelein«, entsprechen dann unzählige, oft minimale Formen des körperlichen und stimmlichen Winkens, in denen das verschüchterte Selbst, manchmal in Bruchteilen von Sekunde, wie zur Probe auftaucht. Der Therapeut selbst muß es zunächst nicht unbedingt bewußt erleben. Es sind oft Probebotschaften, Probeanfragen, die zu ebensolchen winzigen Antworten führen, falls der Therapeut diese Sprache sehen und beantworten kann. Darauf zu rasch angesprochen, würden sich viele Patienten wieder zurückziehen, weil sie, angesichts der Gefahren, mit der Wucht des Wortes noch gar nicht zu den winzigen Anfragegesten stehen können: darf ich Subjekt werden?

Es macht einen Unterschied, ob ich im Liegen, quasi in den gesichtslosen Sprechraum hinein, Phantasien über meinen Körper oder den des Therapeuten formuliere, oder ob ich, in vivo, die winzigen Interaktionsfragmente, die sich auf die Herausbildung eines lebendigen Selbst beziehen, spüre, erfasse und schließlich auch, wenn der Mut gewachsen ist, sprachlich mitteile und einordne. Dies gilt für beide Partner der therapeutischen Dyade. Ein früh entgleister visueller Dialog an der Wiege des Selbst, aber auch bei seiner späteren Entfaltung, läßt sich nur schwer aufarbeiten mit akustischen Signalen. Die Bemühung gleicht dann der kompensatorischen Hellhörigkeit des Blinden, der aus Geräuschen nicht nur den Inhalt, sondern auch Herkunft, Richtung, Entfernung und Geschwindigkeit, also die ganze zusätzliche Realität eines primär optischen Geschehens, erschließen muß.

Handkes *Wunschloses Unglück* ist eine grandiose Darstellung des Leidens an einem teils verschütteten, teils falschen Selbst. Es verschlägt dabei nichts, daß ein Teil des Leidens delegiert war, daß der Sohn in vielen Momenten den Schmerz schärfer gefühlt hat als die Mutter, die immer wieder Zugang zu vielerlei Betäubungen hatte, auch zu fröhlichen Formen der Selbstvergessenheit und der unauffälligen Verschmelzung mit anderen Subjekten ohne wirkliche Subjektivität. Der Sohn ist hier durchaus in der Rolle des Analytikers, der im Erfühlen des Schmerzes dem Patienten vorausgehen muß, der ihm die mögliche Dimension des ersehnten und gefürchteten Selbstseins erst aufzeigt und die Wege dorthin durch identifikatorisches Vorausgehen öffnet. Was Handke posthum, als »Fremdarbeit« aus tiefer Identifikation heraus, getan hat mit seinem sprachlichen Denkmal, hat der Analytiker in winzigen Schritten zu tun: zögernd aufkommende Gefühle erst einmal ganz in sich selbst größer werden zu lassen, bis er sie als eindeutig fühlen und erkennen kann. Dann kann er die Delegationen und Projektionen vorsichtig rückgängig machen und so allmählich dem Patienten beim Überschreiten jener Schwellen helfen, an denen die Mutter immer stehenbleiben oder umkehren mußte. Die Augen dabei nicht zu Hilfe zu nehmen, bedeutet nicht weniger einen Verzicht auf einen »Königsweg« zum Unbewußten wie der Verzicht auf Träume. Es tritt dann, zu dessen Ersetzung, oft sprachliche Akrobatik an die Stelle lebendiger, evidenter Wahrnehmung. Das Erschließen um drei Ecken besetzt den Platz der lebendigen, augenfälligen Begegnung, zum Schaden eines möglicherweise unverstellten Selbst.

Erst nach der Niederschrift dieser Arbeit bin ich auf den gewichtigen, literatur-psychoanalytischen Aufsatz von Wolfram Mauser über das *Wunschlose Unglück* gestoßen (in: *Der Deutschunterricht*, 5/82, S. 73–89). Fast erleichtert nehme ich zur Kenntnis, daß die »klinische Lektüre«, d.h. der Versuch, bestimmte psychische Krankheitsbilder in literarischen Kunstwerken so zu erfassen, wie sie aus der betroffenen Identifikation an den eigenen Gefühlsreaktionen ablesbar sind, auf manche Fragen der Literaturwissenschaft verzichten darf. Das erweckt zunächst den Eindruck der Naivität, weil zum Beispiel, besonders in diesem Fall, die Probleme der Differenz zwischen Autor und Icherzähler, vernachlässigt werden. Ob der Icherzähler eine Kunstfigur ist, deren Einführung genausoviel aufdeckt wie verbirgt; ob die Erzähltechnik für die Psyche des Autors vorwiegend die Funktion der Abwehr hat, so daß die Versuche, die Mutter dichterisch zu objektivieren, nur darauf hinauslaufen, »die emotionale Betroffenheit beim Tod der Mutter durch Schreiben zu verdrängen« (S. 84), ist dabei nicht zentral. Auch Mauser entgeht nicht der Gefahr, nach zahlreichen Hinweisen auf die Unzulänglichkeit des Versuchs, aus dem Kunstwerk auf den Autor oder aus der Psychologie des Autors auf Inhalt und Darstellung zu schließen, bei einer psychoanalytischen Einkreisung des Autors zu landen, bei der die zunächst aufgerichteten Schranken zwischen Autor und Icherzähler allmählich wieder fallen. Für die sich des Lesers bemächtigenden Gefühle und die hinter ihr hervortretende Prägnanz eines schweren Krankheitsbildes der Mutter, das umkreist und wohl auch betrauert wird, ist es auch unerheblich, in welchem Ausmaß die psychische Verstrickung des Autors oder des Icherzählers in seine eigenen Konflikte das Bild der Mutter färbt, so daß es sich, wie Mauser nahelegt, hinter der »psycho-soziologischen« Präzision um etwas prinzipiell Ungreifbares, weil vom Erzähler zutiefst durch seine selektive Aufnahme und Gewichtung Umgeformtes verwandelt. »Der Ich-Erzähler stellt ausgedehnte Überlegungen zur Psyche der Mutter an. Die Frage, was eine solche Mutter im Sohn – dem Ich-Erzähler – anrichtet, wird nicht gestellt. Dabei steht außer Zweifel, daß die psychische Konstitution des Sohnes/Ich-Erzählers entscheidend Anteil an der ›Deutung‹ der Mutter hat. Es ist zu erwarten, daß er vor allem das an ihr sieht, was mit seinen Problemen zu tun hat« (S. 82).

Mauser geht nun so vor, daß er aus der beschriebenen Struktur der Mutter, die er jetzt doch als weitgehend real ansieht, auf die Beschädigungen des Sohnes schließt und extrapoliert, welche Schwierigkeiten der Sohn mit seiner Erzählung wohl zu lösen versucht. »Auf diese Weise bleibt ihm erspart, über die eigenen Gefühle reden zu müssen ... Was – wie er vorgibt – nach Veröffentlichung schreit, ist jedoch die Stimme seiner eigenen Not« (S. 84). Dagegen ist nichts einzuwenden. Meine Hypothese ist nur die, daß es, nimmt man den Erzähler nicht, im Medium der eigenen Betroffenheit, beim Wort, lediglich zu einer Abfolge von Spiegelungen kommt, bei der die Frage, was man eigentlich an dem Text ernst nimmt, immer schwerer zu fassen wird. Daß jetzt der Ich-Erzähler psychoanalysiert wird, aufgrund seines subjektiven Bildes der Mutter und der von ihr bei ihm hinterlassenen Schäden, und die Erzählung zu einem »Abwehrgestus« und »Verdeckmanöver« wird (S. 85), verschiebt nur die Grenze dessen, was als wirklich angesehen wird. Für Mauser scheint es die »Authentizität« der Erzählung zu mindern: »Die Interdependenz von belasteter Psychostruktur des Sohnes und dem Bedürfnis, die belastende Psychostruktur der Mutter zu erkennen, ist unaufhebbar« (S. 87). »Das Dilemma des Neurotikers, nur aus der Sicht seiner Neurosen über deren Ursachen reden zu können, ist in diesem Buch mit großer Eindringlichkeit vor Augen geführt« (S. 87). Gegen Ende des Aufsatzes wird die Spiegelung, weg von der Mutter, hin zum im Schreiben »scheiternden« Sohn, noch radikaler: »Ist es nicht so, daß der Ich-Erzähler seine Frustrationen zu einer Person macht, im Bild der Mutter verdichtet?« (S. 88) Für die innere Plausibilität des Bildes der Mutter beim »klinischen« Lesen würde dies keinen Abbruch tun: die Verstrickung des Sohnes, seine tiefe Identifikation wie das Ausmaß möglicher Projektionen, sind vielmehr ein wesentlicher Teil der Substanz des Bildes. Der Ich-Erzähler leugnet ja an keiner Stelle seine bis zur Verschmelzung gehende Nähe und leidende Identifikation. Auffallend ist eher die gegen Ende immer stärker fühlbare moralische Wertung, die der Erzählung die Funktion einer Selbstrechtfertigung zuweist: »Spricht durch eine solche Projektion nicht der Wunsch, die Verantwortlichkeit für das eigene Reduziertsein auf andere zu übertragen? Ist es nicht vorstellbar, daß man sich das Unglück einer solchen Mutter wünscht, weil es das eigene Ich entlasten kann?« (S. 88f.) Mit dieser Funktionalisierung des Textes zu einem Abwehrmanöver schrumpft der Erkenntniswert der Schilderung der Mutter. Aus möglicher dichterischer Wahrheit wird, wie im Titel des Aufsatzes angedeutet: »erwünschtes Unglück«. Man verliert am Schluß des Aufsatzes den Boden unter den Füßen: die psychoanalytische Anstrengung des Denkens hat zu einer moralischen Entlarvung des Ich-Erzählers (hinter dem der Autor sichtbar bleibt), geführt, dem das Scheitern seines Versuchs der Objektivierung bescheinigt wird.

edition suhrkamp. Neue Folge

97 Hilfe + Handel = Frieden? Die Bundesrepublik in der Dritten Welt. Red.: Reiner Steinweg
98 Samuel Beckett, Flötentöne
99 Peter Sloterdijk, Kritik der zynischen Vernunft. 2 Bände
100 James Joyce, Ulysses
101 Errungenschaften. Eine Kasuistik. Hg. v. Michael Rutschky
102 Der große Rausch. Türkische Erzähler der Gegenwart. Hg. v. Yüksel Pazarkaya
103 Bernhard Luginbühl, Die kleine explosive Küche
104 Hugh Kenner, Ulysses
105 Hans Wollschläger liest »Ulysses«
106 James Joyce, Penelope. Das letzte Kapitel des ›Ulysses‹. Engl./Dt.
107 Fragment und Totalität. Hg. v. Lucien Dällenbach u. Christiaan L. Hart Nibbrig
108 Gabriel Jackson, Annäherung an Spanien 1898–1975
109 Thomas McKeown, Die Bedeutung der Medizin
110 Uwe Kolbe, Hineingeboren. Gedichte 1975–1979
111 Ngũgĩ wa Thiong'o, Verborgene Schicksale
112 José Lezama Lima, Die Ausdruckswelten Amerikas
113 Signatur G. L.: Gustav Landauer im »Sozialist«. Hg. v. Ruth Link-Salinger (Hyman)
114 Michael Brodsky, Der Tatbestand und seine Hülle
115 Ulla Pruss-Kaddatz, Wortergreifung. Zur Entstehung einer Arbeiterkultur in Frankreich
116 Jean-Paul Aron / Roger Kempf, Der sittliche Verfall
117 Gerald Zschorsch, Der Duft der anderen Haut
118 George Tabori, Unterammergau oder Die guten Deutschen
119 Samuel Beckett, Mal vu mal dit / Schlecht gesehen schlecht gesagt. Frz./Dt.
120 Vivian Mercier, Beckett/Beckett
121 Thomas A. Sebeok/Jean Umiker-Sebeok, »Du kennst meine Methode«
122 Von der Verantwortung des Wissens. Hg. v. Paul Good
123 Karin Struck, Kindheits Ende. Journal einer Krise
124 Wladimir Tendrjakow, Sechzig Kerzen
125 Dieter Henrich, Fixpunkte der Kunst

126 Roland Barthes, Die Rauheit der Stimme. Interviews 1962–1980
127 Einar Schleef, Die Bande
128 Takeo Doi, Amae – Freiheit in Geborgenheit
129 Blick übers Meer. Hg. v. Helmut Martin, Charlotte Dunsing, Wolf Baus
130 Wie die Wahrheit zur Fabel wurde. Nietzsches Umwertung von Kultur und Subjekt. Hg. v. Philipp Rippel
131 Josef Esser, Gewerkschaften in der Krise
132 Die Wiederkehr des Körpers. Hg. v. Dietmar Kamper u. Christoph Wulf
133 Richard Saage, Rückkehr zum starken Staat?
134 Dieter Senghaas, Von Europa lernen
135 Peter Weiss, Notizbücher 1960–1971. Zwei Bände
136 Marin Sorescu, Abendrot Nr. 15
137 Joachim Veil, Die Wiederkehr des Bumerangs
138 Chinua Achebe, Okonkwo oder das Alte stürzt
139 Robert Pinget, Apokryph
140 Julio Cortázar, Letzte Runde
141 Faszination der Gewalt. Politische Strategie und Alltagserfahrung. Red.: Reiner Steinweg
142 Manfred Frank, Der kommende Gott
143 Die neue Friedensbewegung. Red.: Reiner Steinweg
144 Mythos und Moderne. Hg. v. Karl Heinz Bohrer
145 Mongo Beti, Remember Ruben
146 Franz Böni, Alvier
147 Der religiöse Faktor
148 Michael Buselmeier, Radfahrt gegen Ende des Winters
149 Karl Held/Theo Ebel, Krieg und Frieden
150 Jean-Pierre Vernant, Die Entstehung des griechischen Denkens
151 Literatur und Politik in der VR China. Hg. v. Rudolf G. Wagner
152 Hans-Ulrich Wehler, Preußen ist wieder chic ...
153 Der Mensch als Risiko. Hg. v. Manfred M. Wambach
154 Nicolas Bornhorn, Der Film der Wirklichkeit
156 Die armen Frauen. Hg. v. Ilona Kickbusch u. Barbara Riedmüller
157 Zum Funktionswandel der Literatur. Hg. v. Peter Bürger
158 Ulrike Heider, Schülerprotest in der Bundesrepublik Deutschland
159 Eva-Maria Alves, Maanja
160 Franz Koppe, Grundbegriffe der Ästhetik

161 Jürg Laederach, In extremis
162 Eike Hennig, Der normale Extremismus
163 Walther Abish, Quer durch das große Nichts
164 Peter Schwacke, Carte blanche
165 Tove Ditlevsen, Gesichter
166 Medienmacht im Nord-Süd-Konflikt. Red.: Reiner Steinweg
167 Ernst Bloch, Kampf – nicht Krieg. Hg. v. Martin Korol
168 Peter Handke, Phantasien der Wiederholung
169 Volker Braun, Berichte von Hinze und Kunze
170 Edward P. Thompson, Die Entstehung der englischen Arbeiterklasse
171 Roland Barthes, Elemente der Semiologie
172 Franz Xaver Kroetz, Frühe Prosa/Frühe Stücke
173 Werner Koch, Intensivstation
174 Literatur der DDR in den siebziger Jahren. Hg. v. Peter Uwe Hohendahl u. Patricia Herminghouse
175 Lloyd de Mause, Grundlagen der Psychohistorie
176 Josef Esser/Wolfgang Fach/Werner Väth, Krisenregulierung
177 Josef Winkler, Die Verschleppung
178 Uwe Kolbe, Abschiede und andere Liebesgedichte
179 J. M. A. Biesheuvel, Der Schrei aus dem Souterrain
180 Jochen Hörisch, Gott, Geld und Glück – Zur Logik der Liebe
181 Georg Vobruba, Politik mit dem Wohlfahrtsstaat
182 Walter Vogl, Hassler
183 João Ubaldo Ribeiro, Sargento Getúlio
184 Francis F. Piven/Richard C. Cloward, Aufstand der Armen
185 Abschied vom Recht? Hg. v. Rüdiger Voigt
186 Celso Furtado, Brasilien nach dem Wirtschaftswunder
187 Martin Roda Becher, Der rauschende Garten
188 Das Schwinden der Sinne. Hg. v. Dietmar Kamper u. Christoph Wulf
189 Rüdiger Lautmann, Der Zwang zur Tugend
190 Vom Krieg der Erwachsenen gegen die Kinder. Red.: Reiner Steinweg
191 Brecht-Journal. Hg. v. Jan Knopf
192 Feminismus. Inspektion der Herrenkultur. Ein Handbuch. Hg. v. Luise F. Pusch
193 Alexander Kluge, Schlachtbeschreibung
194 Andrea Lee, Russisches Tagebuch

195 Taktische Kernwaffen. Die fragmentierte Abschreckung. Hg. v. Ph. Blanchard, R. Koselleck, L. Streit
196 Rüstung und soziale Sicherheit. Red.: Reiner Steinweg
197 Andreas Buro/Karl Grobe, Vietnam! Vietnam?
198 Franz Böni, Der Johanniterlauf
199 Ngũgĩ wa Thiong'o, Der gekreuzigte Teufel
200 Walter Benjamin, Das Passagen-Werk. Hg. v. Rolf Tiedemann. Zwei Bände
201 Jugend und Kriminalität. Hg. v. Horst Schüler-Springorum
202 Friederike Mayröcker, Magische Blätter
203 Manfred Frank, Was ist Neostrukturalismus?
204 Chie Nakane, Die Struktur der japanischen Gesellschaft
205 Marguerite Duras, Sommer 1980
206 Roland Barthes, Michelet
207 Julius Posener, Geschichte der Architektur im 20. Jahrhundert
208 Grace Paley, Veränderungen in letzter Minute
209 Kindheit in Europa. Hg. v. Heinz Hengst
210 Stanley J. Stein/Barbara H. Stein, Das koloniale Erbe Lateinamerikas
211 Naturplan und Verfallskritik. Zu Begriff und Geschichte der Kultur. Hg. v. Helmut Brackert u. Fritz Wefelmeyer
212 Arbeitslosigkeit in der Arbeitsgesellschaft. Hg. v. Wolfgang Bonß u. Rolf G. Heinze
213 Tzvetan Todorov, Die Eroberung Amerikas
214 Ziviler Ungehorsam im Rechtsstaat. Hg. v. Peter Glotz
215 Peter Weiss, Der neue Prozeß
216 Ein Jahrhundert geht zu Ende. Hg. v. Karl Dedecius
217 Luise F. Pusch, Das Deutsche als Männersprache
218 Alfred Sohn-Rethel, Soziologische Theorie der Erkenntnis
219 Randzonen. Interviews – Kurzgeschichten. Hg. von Judith Ammann
220 Claude Lévi-Strauss / Jean-Pierre Vernant u. a., Mythos ohne Illusion
221 Christiaan L. Hart Nibbrig, Der Aufstand der Sinne im Käfig des Textes
222 V-Leute – Die Falle im Rechtsstaat. Hg. v. Klaus Lüderssen
223 Tilman Moser, Eine fast normale Familie
224 Juan Goytisolo, Dissidenten
225 Alice Schwarzer, Lohn: Liebe. Zum Wert der Frauenarbeit
226 Paul Veyne, Glaubten die Griechen an ihre Mythen?
227 Thank you good night. Hg. v. Bodo Morshäuser

255 Heide Wunder, Bäuerliche Gesellschaft in Deutschland 1524–1789
256 Albert Wirz, Sklaverei und kapitalistisches Weltsystem
257 Helmut Berding, Antisemitismus in Deutschland 1870–1980
258 Konrad H. Jarausch, Deutsche Studenten 1800–1970
259 Josef Mooser, Arbeiterleben in Deutschland 1900–1970
260 Dietrich Staritz, Geschichte der DDR 1949–1984
261 Gilbert Ziebura, Weltwirtschaft und Weltpolitik 1922/24–1931
262 Ulrich Kluge, Die Deutsche Revolution 1918/1919
263 Horst Dippel, Die Amerikanische Revolution 1763–1787
264 Karl-Egon Lönne, Politischer Katholizismus
265 Volker R. Berghahn, Unternehmer und Politik in der Bundesrepublik
266 Wolfram Siemann, Die Revolution 1848/49 in Deutschland
267 Dietrich Thränhardt, Geschichte der Bundesrepublik 1949–1984
268 Peter Christian Witt, Die deutsche Inflation 1914–1924
269 Horst Möller, Deutsche Aufklärung 1740–1815
270 Gotthard Jasper, Von der Auflösung der Weimarer Republik zum NS-Regime
271 Klaus J. Bade, Europäischer Imperialismus im Vergleich
272 Dieter Grimm, Deutsche Verfassungsgeschichte 1803–1980
273 Hanna Schissler, Geschichte des preußischen Junkertums
274 Jürgen von Kruedener, Deutsche Finanzpolitik 1871–1980
275 Rüdiger vom Bruch, Deutsche Universitäten 1734–1980
276 Reinhard Sieder, Geschichte der Familie
277 Heinz-Günther Reif, Sozialgeschichte des deutschen Adels
278 Michael Mitterauer, Sozialgeschichte der Jugend
279 Hans-Christoph Schröder, Die Englische Revolution 1640–1688
280 Ernst Hinrichs, Die Französische Revolution 1789
281 Bernd Wunder, Geschichte der deutschen Bürokratie
282 Wolfgang Hardtwig, Vereinswesen in Deutschland 1780–1980
283 Hans-Peter Ullmann, Wirtschaftliche und politische Interessenverbände in Deutschland 1870–1980
284 Ute Frevert, Geschichte der deutschen Frauenbewegung
285 Hartmut Kaelble, Europäische Sozialgeschichte 1880–1980
286 Dieter Langewiesche, Deutscher Liberalismus
287 Klaus Schönhoven, Deutsche Gewerkschaften 1860–1980
288 Martin Greschat, Politischer Protestantismus

290 Octavio Paz, Zwiesprache
291 Franz Xaver Kroetz, Furcht und Hoffnung der BRD
292 Wolfgang Hildesheimer, The Jewishness of Mr. Bloom/ Das Jüdische an Mr. Bloom. Engl./Dt.
293 György Konrád, Antipolitik
294 Alexander Kluge, Neue Geschichten
295 Reto Hänny, Ruch
296 Atomkriegsfolgen. Der Bericht des »Office of Technology Assessment«
297 Peter Sloterdijks »Kritik der zynischen Vernunft«
298 Die Selbstbehauptung Europas. Hg. von Willy Brandt
299 Konrad Wünsche, Der Volksschullehrer Ludwig Wittgenstein
300 edition suhrkamp. Ein Lesebuch

edition suhrkamp. Neue Folge